マンション管理法セミナー

マンション管理法セミナー

山畑哲世著

信山社

はじめに

　最近では、マンション管理に関する本が多数出版されているようであり、学者、実務家、評論家、管理組合役員経験者等々が、それぞれの立場からそれなりの本を書いている。

　このような状況の中で、さらにマンション管理に関する本を出版しようとするのはどのような意図からか。それは、今までの本がどちらかというとマンション居住者や管理組合役員向けにマンション管理の一般論を紹介したものが多く、多少の参考にはなるが、あまり役に立たないものが多いのではないかと日頃感じていたことが理由である。

　もっと「違った立場」あるいは「違った視点」からマンション管理に関する本が書けないものかという考えのもとに作成したのが本書である。

　具体的には、以下の点を基本指針としながら作成した。

　(1) マンション管理会社のフロントマン向けにマンション管理法を解説するという立場で作成した。マンション管理の最前(戦)線にいるフロントマンに分かりやすく解説するというスタイルをとったので、正に管理の現場で悩んだり苦労していることについて突っ込んだ説明ができたのではないかと思う。

　(2) 「セミナー」というスタイルをとり、話し言葉で作成するようにした。セミナーも第1部と第2部に分け、第1部では「マンション管理法の基礎知識」について解説し、第2部では「フロントマンの心得」について解説した。このことにより、文章が堅苦しくなく、親しみやすくなったのではないかと思う。半面、通常の文章に比べると多少まわりくどい話し方になっていたり、話が横道にそれたりしているところもあるが、それなりに分かりやすくなっていると思う。また、できるだけ理解がし

やすいように内容の重複を厭わずに解説した箇所もある。

　(3)　本文では内容が細かすぎてふれられなかった点について、(注)を設けて具体的に解説するように心がけた。この中で、実務に役立つデーターや情報を盛り込み、さらに細かい解説を加えるようにした。

　なお、マンション管理の問題は様々な立場から考えることができる。例えば、①「マンションディベロッパーの立場」②「マンション居住者の立場」③「マンション管理会社の立場」の少なくとも3つの立場から考えることができる。立場が違えば、違った意見になることもあり、残念ながら3つの立場の意見が全て同じと言うことはない。本書では「マンション管理会社の立場」からマンション管理問題を論じているが、これは管理会社側に偏った意見である、という指摘もあることと思う。居住者の立場から見ればそうではない、言っていることが逆だとお叱りを受ける箇所もあろうかと思う。しかし、あえてそれに反論するつもりはない。それぞれの立場からどのような反論がくるかおおよその予想はできる。それを見越して、あらかじめ反論または言い訳をしておくこともできないことではない。しかし、あえてそのような書き方はしていないし、八方美人になるつもりもない。できるだけ「管理会社」というひとつの立場及び視点からマンション管理問題を論ずるように心掛けた。いろいろと予想される反論に答えながら書いていると、どうしても自分の意見がぼけてしまうし、主張が明確にならないからである。

　ついでに言うと、哲学者カール・ポパーにならって、自分の意見(主張)を明確にして、できるだけ「反証可能性」を持つようにしたいと考えているからでもある。「反証可能性」のある意見（主張）とはどのようなものかといえば、天気予報の例で説明すれば分かりやすいであろう。例えば、「明日は晴れである。」との主張は、明日雨が降れば反証される。しかし、「明日は晴れか、雨か、曇りか、雪である。」との主張は、明日雨

が降っても、晴れても、曇っても、雪が降っても反証されることはない。しかし、このような情報は何の役にも立たない。「明日は晴れである。」との情報の方が反証されるリスクが大きいものの非常に有益であり役に立つ。私は、このようにできるだけリスクのある大胆な主張をしたいと考えている。

　今までのマンション管理に関する本では、管理会社の立場から実務家向けに書かれたものは少なかったのではないかと思う。これが本書のユニークな点であろうかと思う。

　本書は主にマンション管理会社のフロントマンを読者対象として想定しているが、マンション管理問題に携わっている方々（マンション分譲会社の社員、管理組合の役員、マンションの管理員等）にも参考となるところがあるのではないかと思う。

　本書も、前著『マンション管理法入門』と同様に、信山社の袖山貴氏のご厚意により出版して頂いた。心から感謝の意を表したい。

　最後に、私事になるが、本書を奄美大島群島・加計呂麻島の父山畑利美・母タマそして妹の幸代に捧げる。さらに、今回は特別な思いを込めて亡祖母泉ヤエ（ウッカン）の霊前に捧げることをお許しいただきたい。ウッカンは、加計呂麻島・摺浜（スリ浜）から我々家族を見守っているに違いない。

2000 年 10 月

　　　　　　　　　　　　　　奄美大島群島・加計呂麻島へ愛を込めて

　　　　　　　　　　　　　　　　　　　　　　山　畑　哲　世

目　次

はじめに

［セミナー第1部］　マンション管理法の基礎知識　*(1)*

■ なぜ「マンション管理法」なのか　*(1)*
■ 経験も重要であるが、まず「理論」の理解をすべきだ　*(1)*

1　「マンション管理」のスタート　*(3)*

　　マンションの4大法律
　　都市計画法→建築基準法→宅地建物取引業法→区分所有法
　　（計画）　　（建設）　　　（販売）　　　　（生活）

■ 都市計画法（計画）　*(3)*
■ 建築基準法（建設）　*(4)*
■ 宅地建物取引業法（販売）　*(4)*
■ 区分所有法（生活）　*(4)*
　　（注）「建ぺい率」と容積率」について　*(5)*

2　マンション管理とはどのようなものか　*(5)*

　　＊ ハード（建物）とソフト（管理システム）
　　＊ マンションの販売は複合商品の販売
　　＊「マンションは管理を買え」

■ ハードの「建物」とソフトの「管理システム」　*(5)*
■ マンション管理システムとは　*(6)*
■ マンションは分譲会社・施工会社・管理会社等を含めたトータルな

システム（体制）の販売である（*6*）
■「マンションは管理を買え」とは（*7*）
■「マンションは管理組合を買え」とは（*7*）
　　　（注）　平田陽子「分譲共同住宅の管理システムに関する研究―供給段階における管理システムの設定―」（1991年3月）の紹介（*8*）

3　マンション管理の形態（*9*）

■ 原則は、規約自治に基づいた「自主管理」である（*9*）
■ マンションのほとんどが管理会社への「全部委託」である（*10*）
■ 一部委託とは（*10*）
■ 自力管理とは（*11*）
■ 全部委託の中身は（*11*）
■ 事務管理業務とは（*12*）
■ 管理員業務とは（*12*）
■ 清掃業務とは（*12*）
■ 清掃業務で重要なことは（*12*）
■ 設備管理業務とは（*14*）
■ 自力管理から全部委託への変更もある（*14*）

4　区分所有法の沿革（*15*）

　　　＊　区分所有法の歴史について（*15*）
■ 区分所有法はどのような建物に適用があるか（*15*）
■ 区分所有法の歴史（改正の経緯）（*16*）
■ 旧民法208条（*16*）
■ 昭和37年制定区分所有法（*17*）
■ 昭和58年改正区分所有法（*17*）
■ なぜ改正されたか（*18*）

■ 維持管理上の問題（*18*）
■ 「団体法」の観点から個人の権利を規制（*19*）
■ 不動産登記法上の問題（*20*）
　　　（注）　民法177条第三者対抗要件とは？（*20*）
■ 法務局の登記簿について（*21*）
■ 土地の登記簿は「一覧性」に欠けると言う問題があった（*21*）
■ コスモスマンションの具体例では（*22*）
　　　（注）　登記簿の構成について（*23*）
■ 土地の登記簿を建物の登記簿にくっつけた（*24*）

5　区分所有法における「任意規定」と「強行規定」の区分（*25*）

■ 「任意規定」と「強行規定」の区分（*25*）
■ 区分所有法における「任意規定」（*26*）
■ 区分所有法における「強行規定」（*27*）

6　「管理組合」とは何か（*27*）

　　　＊　町内会とどう違うかのか（*27*）

■ 管理組合と町内会の区別（*27*）
■ メンバーになれるのは誰か（*28*）
　　　（注）　行政の窓口機関としての町内会（*29*）

7　「管理規約」とは何か（*29*）

■ 管理規約とは（*29*）
■ 管理規約は賃借人にも適用されるか（*29*）
■ コスモスマンションの具体例では（*30*）
■ トラブルとなった場合の判断は、①管理規約、②区分所有法、③民法の順になる（*30*）

- 特に管理規約が重要である (*31*)
- 管理規約のペット禁止条項について (*31*)
  - (注) ペット飼育不可マンションでの対応について (*31*)
  - ペット飼育者によく見られる主張 (*32*)
- 以前は問題のある管理規約が多かった (*36*)
- マンションの販売方法も今だに問題がある (*36*)
  - (注) 「赤字補塡条項」について (*37*)

8 「標準管理規約」とは何か (*40*)

- 昭和58年版標準管理規約 (*40*)
- トラブルになった場合の判断基準として標準管理規約が参考とされる場合もある (*40*)
- 標準管理規約の内容は (*41*)
- 平成9年版標準管理規約 (*41*)
- 昭和58年版標準管理規約と平成9年版標準管理規約の比較 (*42*)
  - (注) フローリング工事の遮音性の基準について (*43*)

9 「専用使用権」とはどのような権利なのか (*45*)

- ＊ 専用使用部分としての「バルコニー等」と「駐車場」の区別 (*45*)
- 「専用使用権」とはどのような権利か (*45*)
- 専用使用権の対象としてバルコニーと駐車場が典型的である (*45*)
- 専用使用権の対象としてのバルコニー (*46*)
- 専用使用権の対象としての駐車場 (*46*)
- コスモスマンションの具体例では (*46*)
- 駐車場については専用使用権の用語は使わないようにした (*47*)

10 「専有部分」及び「共用部分」の判断基準 (47)

- ■「専有部分」と「共用部分」の区分 (47)
- ■ 専有部分であるための要件として「構造上の独立性」と「利用上の独立性」が必要 (48)
- ■「管理員室」を巡っての紛争例 (48)
- ■ 管理員室は専有部分か共用部分か (49)
- ■ 実務上の「管理員室」の扱い (49)
- ■ 法定共用部分と規約共用部分 (49)
  - (注) 管理員室が専有部分であるか共用部分であるかの判断について (50)

11 「専有部分」及び「共用部分」の範囲はどこまでなのか (50)

  ＊ ①内法説　②壁心説　③上塗説
- ■「専有部分」及び「共用部分」の範囲はどこまでなのか (50)
- ■ 内法説（基準）とは (51)
- ■ 壁心説（基準）とは (51)
- ■ 上塗説（基準）とは (51)
- ■ 標準管理規約では上塗説を採用している (51)
  - (注) 区分所有法では床面積の測定方法を内法説（基準）にしているだけである (52)
- ■ それぞれの基準で計ると (52)
- ■ マンション購入客は誤解する (53)
- ■ 販売パンフレットや図面集では注意書きしている (53)
- ■ 表示の仕方に問題がある (53)
- ■ PL法の「取扱説明書」の表示の仕方 (54)
- ■ 最初から誤解のないように内法基準で表示できないか (54)

- ■ 青田売りとは (*55*)
- ■ なぜ青田売りをするのか (*55*)
- ■ マンション完成後販売する一部の業者もある (*55*)

12 「専有」と「共用」の領域概念表 (*56*)

- ■ 専有部分と共用部分の区別は明確ではない (*56*)
- ■ 専有部分か共用部分かについて4つの概念区分がある (*56*)
- ■ 住戸の窓ガラスが割れた場合の費用負担者は誰か (*57*)
- ■ 玄関扉の表側に傷がついて補修する場合の費用負担者は誰か (*58*)
- ■ 玄関扉の表側を共用部分にした理由（美観上の統一）(*58*)
- ■ フランスのマンション管理規約ではどうか (*59*)
    - （注）「専有」と「共用」の領域概念表（使用上、費用負担上及び管理上の区分表）(*59*)

13 「賃借人」はマンション管理上どのような立場にあるのか (*60*)

- ■ 「区分所有者」と「賃借人」の違い (*60*)
- ■ コスモスマンションの具体例では (*61*)
- ■ 賃借人がマンションの管理費等を支払っている場合は (*61*)

14 管理費、修繕積立金、修繕積立一時金について (*62*)

- ■ 管理費とは (*62*)
- ■ 修繕積立金とは (*62*)
- ■ 「一般会計」と「修繕積立金会計」の区分 (*62*)
- ■ 修繕積立一時金とは (*63*)
- ■ 管理費等といっしょに町会費も口座振替する場合がある (*64*)

目次 xv

15　区分所有法 8 条特定承継人の責任 (*64*)

- 未収金が発生したまま第三者に売却した場合は (*64*)
- 包括承継人と特定承継人 (*65*)
- コスモスマンションの具体例では (*65*)
- 未収金の有無は宅建業者が「重要事項説明書」で説明すべき事項である (*66*)
    - （注）マンションに関して説明すべき「重要事項の説明」の具体的内容 (*66*)
- 「駐車場使用料」の未収は請求できるか (*70*)
- 「水道使用料」の未収は請求できるか (*71*)

16　集会（総会）の決議要件はどのようになっているか (*72*)

- 集会（総会）における「組合員数」及び「議決権数」の数え方 (*72*)
  　　［事例 1］　［事例 2］

17　マンションの損害保険について (*74*)

- 火災保険は「上塗基準」及び「共用部分一括付保方式」で掛ける (*74*)
- 施設所有者・管理者賠償責任保険とは (*75*)
- 個人賠償責任保険とは (*75*)
- 個人賠の補償内容は (*75*)
- 個人賠を管理組合が窓口となって付保する理由は (*76*)
- 個人賠で注意すべきこと (*76*)
- 保険金は部分補修の費用しか支払われない (*77*)
- 「ガラス保険」と「機械保険」について (*77*)
- 積立マンション保険とは (*77*)
    - （注）　保険の用語の説明 (*78*)

18 瑕疵担保とアフターサービス、住宅品質確保促進法 (78)

* 売買契約（民法555条）→瑕疵担保（民法570条⇨566条）→宅建業法（40条）
* 請負契約（民法632条）→瑕疵修補（民法634条〜638条）→民間（旧四会）連合協定工事請負契約約款（27条）
* 住宅品質確保促進法、瑕疵担保責任の特例（87条〜90条）

■ マンション居住者は瑕疵担保とアフターサービスを正確には理解していない (78)
■ マスコミ報道にも問題がある (79)
■ 瑕疵担保とは (80)
■ 瑕疵とは (80)
■ アフターサービスとは (80)
■ 「アフターサービス規準」改正の内容 (81)
■ 見るポイントは「屋上防水」と「外壁防水」の保証期間 (81)
■ 平成12年にアフターサービス規準が改正されたのは住宅品質確保促進法の影響がある (82)
■ 欠陥マンションも周期的に繰り返し発生する (82)
■ 「アフターサービス規準」が策定された本当の理由は (83)
■ 民法570条瑕疵担保条項は任意規定である (83)
■ 民法570条瑕疵担保条項の具体的内容 (84)
　　（注）瑕疵担保とアフターサービスの比較 (85)
■ 民法566条3項の1年間は時効期間か除斥期間か (85)
■ 宅建業法40条の瑕疵担保責任特約条項 (86)
■ 民法566条3項の1年間と宅建業法40条の2年間ではどちらが買主保護になっているか (86)
■ 宅建業法で瑕疵担保特約を「2年以上」とした理由は (87)

■ 住宅品質確保促進法で注意すべきこと（*88*）
■ 住宅品質確保促進法の瑕疵担保10年の義務づけは全ての新築住宅に適用される（*89*）
　　（注）　民法・宅建業法・住宅品質確保促進法の比較表（*89*）
■ 宅建業法の瑕疵担保2年と住宅品質確保促進法の瑕疵担保10年の関係は（*92*）

19　諸外国のマンション管理事情（*92*）

■ アメリカのコンドミニアム（マンション）の管理運営は（*93*）
　　（注）　ジョン・D・マクドナルド『コンドミニアム』（上）（下）昭和59年、角川書店（*93*）
■ ドイツやフランスは管理者方式で運営されている（*95*）
■ 都心の小規模マンションでは管理者方式の方がよい（*96*）
■ マンションに誰も住んでいないのが理想的な状態？（*97*）
■ ドイツの古い諺に「集合住宅は争いの家」というのがある（*97*）
■ 高層マンションでは情緒不安定な子供が多い？（*98*）
　　（注）　諸外国のマンション管理研究の必要性について（*98*）

［セミナー第2部］　フロントマンの心得（*101*）

1　フロントマンのあり方（*106*）

(1)　フロントマンの心得（*106*）
　①　誠意のある対応（*107*）
　②　公平な態度（*108*）
　③　約束の完全履行（待たせて2週間まで）（*108*）
　④　「NO」と言える勇気（*109*）

　　　　　（注）「書面投票」(法39条2項)と「書面決議」(法45条1項)
　　　　　　　の違いについて (*110*)
　　　　　（注）　管理組合の業務ではない事項への対応の仕方 (*113*)
　　⑤　自己啓発 (*113*)
　　　　　（注）　マンション管理では幅広い知識が要求される (*115*)
　　　　　（注）　自己啓発の必要性についての補足説明 (*117*)
　　⑥　常識ある対応 (*118*)
(2)　フロントマンの応接態度 (*119*)
　　①　服装・身だしなみ (*119*)
　　②　ていねいで分かりやすい言葉遣い (*119*)
　　　　　（注）　改修工事関係の用語説明 (*120*)
　　③　相手の立場の尊重 (*122*)

2　管理会社の基本姿勢 (*123*)

　　①　気配りのある対応 (*123*)
　　　　　（注）「予防保全」と「過剰修繕」について (*124*)
　　②　管理組合は顧客である (*127*)
　　　　　（注）　管理会社日本ハウズィングについて (*128*)
　　③　コンサルテーション業務 (*130*)
　　　　　（注）　平成12年度マンション管理受託戸数ランキング調査
　　　　　　　(*131*)
　　④　管理会社の特徴は代行業務である (*132*)
　　　　　（注）　マンション管理の原則は「規約自治」に基づく「自主管
　　　　　　　理」である (*132*)
　　⑤　管理会社のスタンスはあくまでも黒子に徹することである
　　　　(*134*)
　　⑥　勝負は1年であり、「総会に始まり総会に終わる」(*135*)

（注）　管理委託契約の法的性質（*136*）
　（1）　概　説（*136*）
　（2）　労務供給型契約（委任・請負・雇傭）の比較表（*138*）
　（3）　委任・請負・雇傭を「労務提供型の契約」グループに分けて理解するのはなぜか（*139*）
　（4）　委任契約は各当事者においていつでも解除できるとはどういう意味か（*139*）

3　フロントマンの業務（*144*）

　①　管理組合理事長とのコミュニケーション（*145*）
　②　管理員とのコミュニケーション（*146*）
　　　（注）　「現場と本社の一体性」について（*146*）
　③　総会・理事会の運営補助（必要書類の作成・提案）（*147*）
　　　（注）　駐輪場の整理について（*148*）
　④　管理組合会計の適正な運営（*149*）
　⑤　未収金の回収（*149*）
　　　（注）　**未収金の回収についての補足説明**（*151*）
　（1）　生兵法は大怪我のもとである（*151*）
　（2）　法律の本に書いてあることと実際の実務とで取り扱いが違う場合がある（*152*）
　（3）　日本住宅管理組合協議会への質問（*152*）
　⑥　契約管理（駐車場契約等）（*155*）
　⑦　長期修繕計画の提案（改修工事の提案）（*155*）
　　　（注）　優良中古マンション、優良分譲住宅等のマンション融資に関する概要（*156*）
　（1）　優良中古マンション融資制度（中古マンション）（*156*）
　（2）　優良分譲住宅の事業承認（新築マンション）（*159*）

(3) 2001年から住宅金融公庫の新築マンション向け融資基準が強化される(*160*)

　　(4) 管理費等初期設定調査（過去10年間のマンション管理新聞のデーター）(*160*)

　　(5) 修繕積立金の低い過去の物件ではどのような問題があったか(*165*)

　　　(注)「築後10年」の迷信(*167*)

　　　(注) 大規模修繕工事への管理組合の取り組み方(*169*)

⑧ 緊急時の対応(*171*)

⑨ 官公庁などの窓口(*171*)

⑩ 管理組合催事への参加(*171*)

⑪ マンションの巡回(*172*)

⑫ アフターサービスの窓口（一般的管理会社）(*173*)

4 日常業務の留意点(*173*)

① 管理組合及び理事長との対応(*173*)

② 社内における対応(*174*)

　　(注) 管理会社が議事録を作成することの是非について(*176*)

5 これからの管理会社に求められるもの(*180*)

　　(注) 管理会社がストックする果実としての「米」について(*181*)

　　(注) これからの管理会社に期待するもの(*184*)

［セミナー第１部］　マンション管理法の基礎知識

■ なぜ「マンション管理法」なのか

　これから「マンション管理法の基礎知識」についてお話します。まず始めに、なぜ「マンション法」ではなく、「マンション管理法」なのかということですが、２つの理由があります。１つは、マンション法がかかわるのは専ら「管理」の場面であるからです。２つ目は、単に法律の面だけからではなく、広い視野からマンション法を考えなければならないからです。マンション問題は法律学、建築学、住居学、社会学、経営学、心理学などの様々な学問分野に関連しています。マンション問題は、ひとつの学問分野だけで完結するものではなく、これらの学問分野と協力し、学際的に研究しなければならない分野です。これと同様に区分所有法もいろいろな法律とかかわっています。特に不動産登記法とは深いかかわりがありますし、民法とのかかわりもあります。また、損害保険とのかかわりもあります。

　これから、マンション管理で重要な位置を占める区分所有法（マンション法）を中心に話を進めていきますが、このようにマンション管理の分野で学際的にかかわってくるのがマンション管理問題であるとの理解のもとに「マンション管理法」の解説を進めていきます。

■ 経験も重要であるが、まず「理論」の理解をすべきだ

　皆さんは経験や知識はまだまだこれからなんですが、これからやる基

礎理論をじっくりと勉強することによって、むしろそれをないがしろにしないことによって、今いる先輩とかすぐ追い越してしまうと思います。逆に実務や経験がそれなりにあったとしても、基本的な知識・理論の理解ができていないと、応用がきかないんです。あの場面ではこういうやり方をした、この場面ではこういうやり方をした、という断片的な経験だけで、それじゃ実際にどういう理論（根拠）のもとにそうやっているか、成り立っているかという基礎的な理解がないといつまでも応用ができなくて結局成長しないわけです。逆に皆さんは、経験・知識はほとんどないと思いますが、これから先輩と理事会・総会に同行するなかで、「先輩が話している内容は、区分所有法の何条に基づいて言っているんだな」と、理論が分かっていればすぐ理解できるんです。

　ですから、断片的な知識や無秩序な経験があるよりは、経験が少なくても理論をきちっと押えて、正確に理解していることが重要なんです。例えて言うと、よく司法書士事務所には、補助者という事務員がいますが、事務員の方が司法書士の先生よりも経験が長く実務にも詳しい場合があります。ところが、いくら経験が長くても、理論を正確に理解できていないために、司法書士の先生と比べると劣ってしまいます。これは、基本的な基礎理論の勉強ができていないということなんです。このような意味で、これから基礎的な理論の話をしますが、重要ですので正確に理解して下さい。

　これからのお話は以下の19項目を予定しております。これを見て、なんだこの程度かと思う方もいらっしゃるかもしれませんが、できるだけ実務上の話題を加えながら進めていきたいと思います。

```
1  「マンション管理」のスタート
2  マンション管理とはどのようなものか
3  マンション管理の形態
```

4　区分所有法の沿革
5　区分所有法における「任意規定」と「強行規定」の区分
6　「管理組合」とは何か
7　「管理規約」とは何か
8　「標準管理規約」とは何か
9　「専用使用権」とはどのような権利なのか
10　「専有部分」及び「共用部分」の判断基準
11　「専有部分」及び「共用部分」の範囲はどこまでなのか
12　「専有」と「共用」の領域概念表
13　「賃借人」はマンション管理上どのような立場にあるのか
14　管理費、修繕積立金、修繕積立一時金について
15　区分所有法8条特定承継人の責任
16　集会（総会）の決議要件はどのようになっているか
17　マンションの損害保険について
18　瑕疵担保とアフターサービス、住宅品質確保促進法
19　諸外国のマンション管理事情

1　「マンション管理」のスタート

マンションの4大法律
　都市計画法　→　建築基準法　→　宅地建物取引業法　→　区分所有法
　　（計画）　　　　（建設）　　　　　（販売）　　　　　（生活）

■ 都市計画法（計画）

　まず、1番目ですが「マンション管理のスタート」について、お話しします。分かっている人は今さらという感があるかもしれませんが、どういった場面でマンション管理が出てくるのかとういうことです。

4　［セミナー第1部］　マンション管理法の基礎知識

　マンションを建てるにあたっては、最初に土地を購入するわけですが、その地域がマンションの建てられる地域かチェックする必要があるし（用途地域のチェック）、またどの程度のボリュームの建物が建てられるかもチェックする必要があります（建ぺい率、容積率のチェック）。具体的にどの地域をどういう地域に指定し、その建ぺい率を何パーセントにするかということは「都市計画法」で定められています。つまり、計画段階でかかわってくるのが都市計画法ということです。

◾ 建築基準法（建設）

　次に、購入した土地にマンションを建築するにあたっては、「建築基準法」がかかわってきます。この法律は、建築物の敷地、建築物の構造、設備、用途に関する最低守るべき基準を定めたものです。もちろんこの基準よりも良いものを建てればいいんですが、最低限のラインすら守られているかどうかあやしいような建物も現実にはあります。

◾ 宅地建物取引業法（販売）

　それから、建てたマンションを売るにあたっては、「宅地建物取引業法」（宅建業法と略称する）がかかわってきます。宅建業法は、宅建業を営む者について免許制度を実施し、その事業に対し必要な規制を行うことにより、その業務の適正な運営と宅地及び建物の取引の公平とを確保するとともに、宅建業の健全な発達を促進し、購入者等の利益の保護と宅地及び建物の流通の円滑化とを図ったものです。マンション販売で重要な宅建業法は、35条（重要事項説明）と40条（瑕疵担保条項）です。

◾ 区分所有法（生活）

　そして、マンションを売った後の維持管理という場面でかかわってくるのが「区分所有法」です。区分所有法というのはマンションを造るに

あたっての法律ではなく、造った後にどのように建物を維持管理したらよいかということで登場してくる法律です。建築にあたっては区分所有法は出てこないんです。もちろん、これらの「都市計画法」、「建築基準法」、「宅建業法」、「区分所有法」は、それぞれにかかわりのある部分もありますが、大体の枠組みはこのようになっています。

　（注）「建ぺい率」と「容積率」について
　　　　「建ぺい率」とは、建物の建築面積の敷地面積に対する割合をいう。
　　　　　　　　建ぺい率＝建築面積÷敷地面積
　　　　「容積率」とは、建築物の延べ面積の敷地面積に対する割合をいう。
　　　　　　　　容積率＝延べ面積÷敷地面積

　　　　2　マンション管理とはどのようなものか

＊　ハード（建物）とソフト（管理システム）
＊　マンションの販売は複合商品の販売
＊　「マンションは管理を買え」

■ ハードの「建物」とソフトの「管理システム」
　第2は、「マンション管理とはどのようなものか」です。ハードの「建物」とソフトの「管理システム」とあります。そして、マンション販売は、「複合商品」の販売であるとあります。
　どういうことかと言いますと、マンションの販売というのは少し複雑なところがあって、ハードという「建物」だけ、物だけを売っているんではなくて、建物と一緒にソフトである「管理システム」をセットにして売っているのがマンションの販売であるということです。この例えが適当か分かりませんが、パソコンでも「ハード」と「ソフト」がセットになって始めて動きます。ハードよりもソフトの方が重要かもしれません。ハードだけだと、単なる入れ物の箱でしかないわけです。それを

使っていろいろな業務ができるようにするには、ソフトを組み入れる必要があります。パソコンもハードとソフトが一体となった複合商品であるわけです。

■ マンション管理システムとは

　マンション管理システムの具体的な中身は、管理規約・使用細則の制定、管理組合・理事会・総会のルールの制定、管理形態の設定、管理費等の設定等ということになります。そういったシステムも販売しているということです。要は、物だけを売っているんじゃなくて、管理システムもセットになった（ついでに言うと、管理会社もセットになっているんですが）複合商品を販売しているわけです。ですから、ハードである建物の仕様がどれ程良くても、ソフトである管理システムに欠点を抱えている場合は、マンション全体の評価を下げることになってしまいます。

■ マンションは分譲会社・施工会社・管理会社等を含めたトータルなシステム（体制）の販売である

　このような、複合商品の供給にかかわるのは、一般的には分譲会社、施工会社、管理会社の３者になります。各社の業務は、企画、設計、施工、販売、管理と分かれますが、購入客は、これらのトータルなシステムを買うことになりますので、この点から見ても複雑です。もちろん、購入者は分譲会社との売買契約に基づいてマンションを買うのであり、施工会社や管理会社とは直接の契約はないかもしれませんが、補修工事やアフターサービス対応の良否は施工会社の能力に左右されますし、管理の良否は管理会社の能力に左右されます。したがって、マンションの販売は、分譲会社・施工会社・管理会社等を含めたトータルなシステム（体制）を販売していると言う面もあります（私の方は、マンション竣工後永い付き合いとなる管理会社にもっと目を向けてもらいたいと思っていま

[セミナー第1部] マンション管理法の基礎知識

すが）。

　しかし、購入客の方は、関心があるのは自分の住戸がどうなっているかだけで、管理システムについてはほとんど関心がない、管理はおまけでついてくるような感じでいるわけです。しかし購入した後の10年、20年、30年、マンションは最低でも50年は持つとも言われていますが、その間の維持管理が重要なんです。実は、この「管理システム」がどうなっているかによって、その後の維持管理の中身に大きな差が出てくるんです。マンションが誕生（竣工）してから死ぬ（取壊し）まで、場合によっては再生（建替え）もあるかもしれませんが、その長期間にわたって重要なのは、「管理」の部分なんです。この重要な部分にかかわるのが、管理会社ということになります。

■「マンションは管理を買え」とは

　次に、「マンションは管理を買え」について説明します。これは、管理内容の良し悪しによってマンションの資産価値に大きな差が出るということであり、この管理業務に携わる管理会社がいかに重要な役割を担っているかを示す言葉として、以前から言われていたことでもあります。管理会社の立場からは、「マンションは管理会社を買え」ということになるでしょうか。

■「マンションは管理組合を買え」とは

　しかし、「マンションは管理を買え」という言葉の意味として、マンション問題研究会代表の先田政弘氏は、これは「マンションは管理組合を買え」という意味であると指摘されています。つまり、「よく『分譲マンションは管理を買え』言われますが、これは正確な表現とは言えません。分譲マンションをよく知らない人は、良い管理を行っているのはプロである管理会社だと誤解しています。良い管理は管理会社が提供す

るのではなく、管理組合が、嫌がる管理会社の協力を引き出して、そのマンションにもっとも適した管理システムをつくり上げているからこそ実現しているのです。良い管理の主役は管理組合なのです。ですから、真実は『分譲マンションは管理組合を買え』なのです。」（『永住できるマンション』先田政弘著〔日経BP社、1997年〕176頁）と述べています。もちろん、先田氏が指摘するように、管理会社任せではなく管理組合がしっかりとして主体的に活動しているマンションは「良い管理」を行っていると言えると思います。しかし、**私は良い管理が行なわれるためには、①「管理システム」②「管理組合」③「管理会社」ともそれぞれに重要であり、どちらか1つということではなく、3つの要素がしっかりと機能すること（三位一体説）が重要であると考えています**。

　（注）　平田陽子「分譲共同住宅の管理システムに関する研究―供給段階における管理システムの設定」（1991年3月）の紹介

　　ここで指摘したようにソフトの「管理システム」の内容は、非常に重要であると考えている。現に分譲供給段階における管理システムの在り方について、問題点を指摘し具体的に分析した研究論文も出ている（平田陽子「分譲共同住宅の管理システムに関する研究―供給段階における管理システムの設定―」1991年3月）。

　「本論文は、分譲共同住宅の供給段階と管理の実態を分析することを通して、管理問題を解決していく上で重要な位置を占める、供給段階における管理システム設定のための知見を明らかにすることを目的としている。」（同論文1頁）。すなわち、重要なのは「……分譲共同住宅の企画時に、その開発計画が管理問題を生じないように適切に行われることである。当初の分譲の方法や開発計画、あるいは管理の方法を適切に設定すれば、現在生じている管理問題の中のかなりの部分を解決することができる。分譲会社は分譲共同住宅を売るまでが仕事であるという感覚から、売った後のことをあまり考えずに、これまで企画・設計・販売をしてきているが、そのことが分譲共同住宅の管理問題を生み出す原因と

なっていると考えられる。供給当初の分譲会社の責任というのは、建物の物的な状態が適切であり、……物的状態にかかわる諸問題が発生しないように取り組むことと共に、運営管理のシステムを適切に設定しておくことにもある。」(同論文17頁)と指摘されている。

3 マンション管理の形態

■ 原則は、規約自治に基づいた「自主管理」である

　第3に、「マンション管理の形態はどういったものか」とあります。原則は、規約自治に基づいた「自主管理」です。しかし、自主管理といっても、マンションの住民だけで建物の維持管理から運営まで全てにわたってできるわけではありませんので、ある程度外部の業者へ管理業務をお願いすることになります。どの程度、外部の業者へお願いするかによって、①全部委託、②一部委託、③自力管理に分かれます。

　このことを簡単に説明しますと、マンションが完成し、複数の区分所有者が存在すれば、区分所有法3条では、当然に区分所有者の団体（管理組合）ができると考えています。管理組合というのは、マンションの財産を維持管理していく区分所有者全員を構成員とする団体のことです。そして、区分所有法の考え方というのは、自分たちでマンションを維持管理しなさいよというのが原則です。それを自主管理といいます。このように自主管理が原則なんですが、小さなマンションならばこれでもいいんですが、ある程度中高層の大規模なマンションになると、いろんな設備がありますね。例えば、下の方には受水槽という水のタンクがあり、建物の屋上には高架水槽または高置水槽があります。また、受水槽の水を高架水槽へ上げるための揚水ポンプがあります。建物の高さの規制があったり、美観上の問題を配慮して、今の建物では高架水槽のないマンションも多いですね。これは、下の方の受水槽から上の方へ直接ポンプアップする方式です。10階建ぐらいならばこのように高架水槽を設け

ない方式も多いようです。それから、中高層マンションでは必需品ともいうべきエレベーターがあります。下水関係が整備されていないところでは、浄化槽があります。マンションというのは、そんなに複雑な設備があるわけではないんですが、このようにあげただけでも、素人では維持管理が難しい設備があります。

　貯水槽（受水槽と高架水槽を含めてこう呼ぶ）は、水道法の規則によって年1回タンクの清掃をしなければなりません。これは、飲み水にかかわる重要な作業ですので、資格を持った者がしなければならないことになっています。エレベーターは、エレベーターの専門業者が点検しなければ不具合は分かりません。浄化槽も浄化槽法という法律があり、点検等が義務づけられています。このように、マンションは自分たちで維持管理しなければならないといっても、今あげただけでも分かるように、それなりの資格を持った専門家に任せないと難しい。設備以外の運営面でも、例えば毎月の管理費等の徴収業務や未収金が発生したら未収金の督促業務、総会開催のための決算書・予算書の作成業務等、素人がやるには難しい面があります。

■ マンションのほとんどが管理会社への「全部委託」である

　そこで、このようなマンション管理業務を専門とする業者へお願いすることになります。そしてどの程度お願いするかによって、先程も言ったように、①全部委託、②一部委託、③自力管理に分かれるわけです。比率から言うと、全国のマンションの約7割程が全部委託ではないかと思います。このようにマンションの管理業務の全てを管理会社へお願いしますと言うのが全部委託です。

■ 一部委託とは

　いや、全部ではなくて、例えば会計業務については経理に詳しい居住

者がいるので自分たちでやる。清掃業務についても当番を決めて自分たちでやる。しかし、設備のメンテナンスについては、専門家でないとできないので、この部分だけ管理会社へお願いします、という場合もあります。これを一部委託といいます。

◾ 自力管理とは

あるいは、郊外型の低層階の団地等に多いんですが、たいした設備もないので、全部自分たちでできる。業者へお願いするとお金もかかるので自分たちでやる、というのが自力管理です。この自力管理と言う言葉と自主管理と言う言葉とよく誤解されたり、曖昧に使われたりしていますが、基本的な考え方は私の説明のように理解したほうがよいと思います。

◾ 全部委託の中身は

ほとんどの管理会社が全部委託で管理業務を受託していますが、この中身は何かというと、これは4つの業務からなっています。① **事務管理業務**、② **管理員業務**、③ **清掃業務**、④ **設備管理業務**になります。この①〜④の業務はどれも重要なんですが、特に①の事務管理業務が重要です。③の清掃業務や④の設備管理業務については、管理会社からさらに下請け業者へ依頼するということがあります。これは有効ですが、①の事務管理業務については重要ですので、他社へ丸投げ（再委託）するようなことをしてはいけませんよ、ということになっています。ただし、これは建設省登録業者である場合に遵守しなければならない管理業務処理準則4条の「一括再委託の禁止」という指導によるものであり、法律の規定によるものではありません。

◼ 事務管理業務とは

　事務管理業務の主なものには、管理費等徴収の出納業務、決算・予算案作成等の会計業務、総会・理事会の運営補助等の管理運営業務があります。

◼ 管理員業務とは

　管理員業務というのは、マンションへ管理員を派遣して、その現場で日常の受付、点検、立会等の業務をやってもらうことです。管理員は雇用形態によって、準社員だったり、パートだったりしますが、管理員は管理会社の従業員であり、管理組合とは直接の雇用関係にないのが一般的ですね。この点は、マンション居住者がよく誤解するところでして、自分たちが直接雇用しているんだから管理員に何を頼もうと自由じゃないかと、とんでもない思い違いをしている方がたまにいます。

◼ 清掃業務とは

　次に清掃業務ですが、これには日常清掃と定期清掃の2種類があります。日常清掃というのは、マンションの場所ごとに掃き拭き、拾い掃き、モップ掛け等の清掃業務仕様に基づいて行う作業のことです。管理員とは別に清掃員がマンションへ派遣されて業務を行うことになりますが、規模の小さなマンションでは管理員が清掃業務を兼務することもあります。日常清掃では、汚れのとれないような所やワックス掛けをやった方がよいような場所もあります。そのような場所については年に何回か、ポリシャー等の床洗いの機械を使ったり、床にワックスを掛けたりします。これが定期清掃になります。

◼ 清掃業務で重要なことは

　清掃業務で重要なことは、最初にマンション全体を巡回してゴミを拾

い掃きし、その後マンションの場所によってメリハリをつけて予定の清掃業務を行うということです。

　どういうことかというと、居住者がよく通るエントランス、玄関ドア、ガラス、エレベーター内については、1回だけ清掃すればいいとういうことではなくて、何回もやる必要がありますが、場所によっては、1週間で1回のサイクルで実施してもよいところもあります。全体の清掃業務時間は限られていますので、作業予定表をもとにマンション全体を見ながら、テンポよくやっていく必要があります。今日は4階〜6階の共用廊下を重点的に清掃する予定だったとしても、この場所だけ清掃すればいいということではありません。他の1〜3階ではゴミが落ちていたり汚れているかもしれません。せっかく一所懸命4階〜6階の清掃をやっていたとしても1〜3階の住民から見れば、ゴミが落ちた状態をずっと放置していたということになり、清掃をしていないという評価になります。ですから、まず最初にマンション全体を巡回点検し、それから今日予定の業務を行うということです。マンション全体の巡回は、最初の1回で終わりではなく、1日のうちに何回かは巡回する必要があります。

　先程エントランス、玄関ドア、ガラス、エレベーター内については、1日のうちで何回も清掃する必要があるといいましたが、現場の管理員や清掃員は本当によくやってくれていると思います。特に小さな子供の多いマンションでは、さっきエントランスのガラスを拭いて綺麗になったと思ったら、悪戯ざかりの子供たちが泥だらけの手でガラスにぺたぺたと手形をつけてすぐに汚してしまう場合もあります。お母さんが一緒にいるにもかかわらず、子供にまったく注意すらしません。管理員が見かねて子供に注意すると、どうして自分の子供ばかり怒るのか、と逆に管理員が怒られたりします。全く今頃のお母さん方は、子供の躾けもできないのが多いんです。マンションというのは、いろいろな方が集まっ

て住んでいますので、居住のルールが必要ですし、お互いの協力や思いやりも必要なんです。考えようによっては、マンションは、躾け教育のできる最適な場所でもあるんです。しかし、さっきのお母さんのような方も最近では残念ながら多いようです。子供よりも、まずお母さんの方にマンション居住のルールを教育する必要があると痛切に感じています（いつの間にか話が脱線してしまいました。もとに戻しましょう）。

■ 設備管理業務とは

　次は、設備管理業務の内容ですね。これは、先程も説明したかと思いますが、マンションの設備が正常に動くように、外観点検や、専門業者による点検・整備等を行い、問題があれば適確に補修工事を提案していくということになります。

■ 自力管理から全部委託への変更もある

　ここで、自力管理のことについて補足説明しておきましょう。自力管理で運営している理由は様々だと思います。先程の郊外型低層階の団地等では、たいした設備もないので自力管理している場合があるといいました。なかには、最初は管理会社へ全部委託で管理をお願いしていたんですが、費用が高いばかりで何もやってくれないとの不満から全部委託から自力管理へ切り替えたマンションもあります。あるいはマンション住民に建築や会計の専門家がいたので、自力管理ができたというマンションもあります。ところが、このケースでは長続きしない例の方が多いんです。どうしてかというと、たまたまマンション住民に建築や会計の専門家がいたからできたという偶然的な面があるんです。しかし、その専門家の方もずっとマンションに住んでいるという保証はないんです。転勤とかでマンションを出ていかざるを得ない場合もあります。そのときには今までやってくれた方に代わる人がいないという困ったことに

なってしまいます。結局は、専門家へ頼まざるを得ないということで、最初は自力管理だったんですが、他の管理会社へ全部委託でお願いするケースもあるわけなんです。全部委託から自力管理への変更も当然ありますが、逆に自力管理から全部委託への変更というのもなかなか話題にはならないようですが、件数としてはそれなりにあると思います。

4　区分所有法の沿革

＊　区分所有法の歴史について

次に区分所有法について説明します。正式には「建物の区分所有等に関する法律」といいます。しかし、これでは長ったらしいので、略して「区分所有法」という場合の方が多いですね。あるいは、この区分所有法がもっぱら適用となる建物はマンションが多いので俗称で「マンション法」と言ったりもします。

■ 区分所有法はどのような建物に適用があるか

ここで誤解のないようにして欲しいんですが、マンションであれば全て区分所有法の適用があるということではないんです。建物が構造上及び利用上区分された専有部分から成り立っていたとしても、建物が賃貸であれば区分所有法の適用はありません。あくまで各専有部分は分譲であり、それぞれに所有者がいる必要があります。また、区分所有法のことをマンション法と言ったりしますので、この法律の適用があるのはマンションだけだと誤解する方がいますが、これも間違いです。駅前の再開発等の複合ビルにも区分所有法が適用される場合があります。さらには、建物の構造は、鉄筋コンクリート造でなくてもよいわけで、木造でもいいんです。

■ 区分所有法の歴史（改正の経緯）

　この区分所有法は、管理会社にとっては重要な法律でして、特に理事会・総会等のマンション管理業務をやるにあたっては、この法律がかかわってきます。と言っても、この法律の中身は、実はたいしたことないんです。条文の数もたかだか70条ぐらいしかないんです。この法律の概要は、マンション関係の本でいろいろと紹介されていますので、それを読んでもらえば良いと思います。ここでは、区分所有法の歴史（改正の経緯）を中心にお話します。この経緯を分かっている方が、区分所有法を読むにあたって興味をもって勉強できるのではないかと思います。

■ 旧民法208条

　まず、この法律のできた経緯ですが、皆さんは民法は知ってますね。全条文数が1,044条という膨大な法律であり、私法の一般法と言われたりもします。この民法の中に区分所有関係を規定する条文があったんです。これが旧民法208条です（旧ということは、現在では改正されているということです。この条文は旧区分所有法が制定された昭和37年に削除されています）。旧民法208条では、次のように規定されていました。

　「数人ニテ一棟ノ建物ヲ区分シ各其一部ヲ所有スルトキハ建物及ビ其附属物ノ共用部分ハ其共有ニ属スルモノト推定ス、共用部分ノ修繕費其他ノ負担ハ各自ノ所有部分ノ価格ニ応シテ之ヲ分ツ」

　これは、フランス民法664条を参考にしたものであり、立法者の見解では日本式縦断的な棟割長屋とともに西洋式横断的な階層別建物にも適用されると考えていたようです。しかし、当時は伝統的な木造建築が多く石造りや鉄筋コンクリート造の建物は普及していなかったし、区分所有に関する判例もほとんどありませんでした。その後日本経済の高度成長とともに、建物は鉄筋コンクリート造が主流となり、高層化複雑化してきました。それにともない区分所有を巡るトラブルも増えてきたんで

すが、区分所有関係を規律する直接的な規定は旧民法208条しかなかった。この規定は、日本式の棟割長屋だけではなく、西洋式横断的な階層別建物にも適用されると考えられていたんですが、学者のなかには旧民法208条の適用される建物を限定的に解釈する者もあり、複雑な区分所有建物の紛争解決のために旧民法208条の不備をいかに合理的に解釈すべきか、その法律構成に努力がはらわれました。

■ 昭和37年制定の区分所有法

このような事情のもとに区分所有関係を具体的に規定した法律の必要性が痛感され、昭和37年に制定されたのが区分所有法です。今から見ると、この区分所有法は昭和58年に改正されていますので、旧区分所有法ということになりますが、当時としては諸外国の立法例等を参考にしたかなり進んだ法律だったと思います。条文の数からいうと全37ヶ条にわたる詳細な規定を置いて、区分所有建物の管理運営に対応できるようにしたんです。これは外国の立法例等を調べて作った法律で当時としてはかなり画期的な内容だったんです。

■ 昭和58年改正区分所有法

しかし、その後区分所有建物も複雑なものや大規模なものができたり、管理運営面で問題がでてきたりで対応が難しくなり、法律改正の要望がでてきたんです。そこで、約20年後の昭和58年に区分所有法が改正されまして、昭和59年1月1日から施行されました。旧法のときの条文数は全37ヶ条だったんですが、約2倍に増えて新法では全70ヶ条になっています。これが現在の区分所有法でして、マンションの管理運営面で深くかかわってくる法律です。

■ なぜ改正されたか

それでは、なぜ全37ヶ条から70ヶ条に増えたのか。その理由は2つあります。1つは、維持管理上の問題で、もう1つは、不動産登記法上の問題です。

■ 維持管理上の問題

まず、維持管理上の問題から説明します。旧法のときは、管理規約に不具合があって改正しようとしても、全員が一致しないと改正ができなかったんです。建替えをしようと思っても、全員一致でないと建替えもできなかったんです。マンションは残念ながら1人や2人ぐらいは異議をとなえるというか、へそ曲がりな方が必ずいますね。もちろんこれにはそれなりの理由のある場合もありますが、全員一致なんて、実際にはほとんど有り得ない無理な場合が多いんです。なかには、分譲会社の方で管理規約の中身を売主に有利な都合のいいことばかりを盛り込んだ内容にしたものも結構多かったんです。それを改正しようと思っても1人が反対すれば、規約改正ができなかったんです。これではどうしようもないから、もう少し柔軟に対応できるようにしましょうということで、全員一致ではなくて多数決でできるようにしたんです。民主主義のルールである多数決によって決めるように改正したんです。多数決といってもいろいろやり方はあるんですが、日常の管理に関することは**2分の1を越える過半数**の賛成でできるようにしましょう。管理規約の改正とかある程度重要なことについては**4分の3以上の特別決議**でできるようにしましょうということになりました。それから、建替えの問題については、これは重要なので**5分の4以上の特別決議**をとるようにしましょうとなりました。

[セミナー第1部] マンション管理法の基礎知識

■「団体法」の観点から個人の権利を規制

　この法律は、「団体法」という観点から、個人の権利を規制しているところもあります。日本の憲法では、29条で財産権が保障されています。例えば、マンション201号室を購入したAさんは、自分の部屋なので常識的に考えたら、自分の不手際でもないのにマンションを出ていかなければならないということはありません。しかし、マンションで建替えの問題があり、自分を除いた他の方は建替えに賛成したが、自分だけ反対したとします。その場合、反対したAさんは、他の方から区分所有権の売渡し請求権を行使されて、マンションを出ていかなければならない場合もあるんです。つまり、建替えに反対したAさんにはマンションを出ていってもらうという恐ろしい制度も区分所有法の中にはあるんです（建替え決議は、単に5分の4以上の決議を取ればよいわけではなく、その前提条件として、維持管理に過分の費用がかかる等の他の要件も必要です）。財産権は絶対だといっても、ことマンションに関するかぎりは出ていかざるを得ない場合もあるんです。もちろん、憲法の財産権の規定も100％完全に保障するとはなってなくて、公共の福祉の制約という限界があることを認めています。あるいは、マンションに悪質な暴力団が入居していて、生活のマナーが悪く他の住民へ多大な被害を及ぼしている場合は、区分所有法に「義務違反者に対する措置」という規定があって、違反の程度により、行為の停止、使用禁止、競売請求等ができるんです。要は、悪質な場合は、追い出すことができるということです。

　このように旧法に比べると、全員一致ではなくて多数決により管理運営面で柔軟に対応できるようにしたんです。それから、集会の運営の仕方について、いろいろと細かくルールを定めておりまして、そのために条文の数が増えております。集会というのは、管理組合の最高意思決定機関であり、1年間の管理業務の報告、決算書・予算書の審議、重要な議案の審議をする場所です。

■ 不動産登記法上の問題

　もう1つは、専門的な話になるかもしれませんが、不動産登記法上の問題があって、区分所有法が改正されたんです。むしろ区分所有法が改正されたのは、不動産登記法上の理由が一番大きいのではないかとも言われているぐらいなんです。日本の民法では、動産と不動産に分かれており、不動産には土地と建物がありますね。不動産を購入した場合は、通常は権利保全のために法務局へ登記をします（法務局は、俗称で登記所と言ったりします）。そのときに不動産登記法がかかわってきます。

（注）　民法177条第三者対抗要件とは？

　ここで、簡単に民法177条の説明をしておこう。民法177条は、次のように定めている。「不動産に関する物件の得喪及び変更は登記法の定むる所に従ひ其の登記を為すに非ざれば之を以て第三者に対抗することを得ず。」以下、具体例で説明しよう。Aは、甲土地の所有者であるが、7月1日にBへ売買した。しかし、Bは自分が所有者である旨の甲土地の登記をしていない（これは、B名義の移転登記をしていないということ）。その後、土地を捜しているCがいて、Bよりも甲土地を高く買ってくれそうなので、Aは同じ甲土地を7月30日にCへ売った。同日Cは、自分が所有者である旨の甲土地の登記をした。この場合、甲土地を取得できるのはBかCか。これは、典型的な二重譲渡の問題である。

　常識的に考えると、Bの購入日は7月1日であり、Cの購入日が7月30日だから、先に購入したBが土地を取得できそうに思えるが、法律の世界ではそうはならない。確かに購入日はCが後であるが、先に登記を済ませているので、Cが土地を取得できることになる。BはCに対して自分の方が先に甲土地を購入したから、登記を抹消して自分の方へ返せとは言えない。このようなことから、実務では不動産を購入したら、第三者対抗のために法務局へ登記をするのである。もし、Cの方が、Bが既に甲土地を購入したことを知っており、Bを困らせてやろうということで購入したとい

うことであれば、Cは「背信的悪意者」ということになり、この場合は民法177条の解釈でもCは保護されない。また、結果的に登記手続きをしなかったためにBは甲土地を取得できなかったとしても、Aを詐欺で訴えるとか、損害賠償を請求するとかは別の問題になる。

■ 法務局の登記簿について

法務局の登記簿も今はコンピューター化されている所が多いと思いますが、これからの説明は登記簿というバインダーにファイルされていた昔のことを事例としてお話します。この方が分かりやすいと思うので、これを利用するんですが、考え方は登記簿がコンピューター化されていても同じです。

土地と建物の登記簿がありまして、それぞれ別々のバインダー式のファイルに綴じられています。戸建てとマンションと比較すると、戸建てはこの通り土地と建物につきそれぞれに登記内容が記載されてファイルされています。マンションについても（現在は変更されていますが、旧法のときは）土地と建物それぞれに登記内容が記載されファイルされていました。

■ 土地の登記簿は「一覧性」に欠けると言う問題があった

もちろん、戸数の小さなマンションであればこれでも別に問題はないんですが、ある程度規模の大きなマンションになると登記内容が煩雑すぎて見ても分からないようになってきたんです。見ても分からないということを「一覧性」に欠けるといいます。これは、土地と建物のうち、特に「土地」について非常に問題となってきたんです。しかし、「建物」については、いくらマンションが大規模であろうと登記内容が一覧性に欠けるということはなかったんです。

■ コスモマンションの具体例では

　もっと具体的に説明しましょう。全100戸のコスモスマンション201号室をAさんが購入したとします（以後「コスモス」マンションという名前が時々登場しますが、特定のマンション分譲業者をイメージしているわけではありません。「コスモス」は、漢字で書くと「秋桜」ですね。これは、歌手の山口百恵の名曲なんです。私は山口百恵と同世代でして、山口百恵は私の青春そのものなんです。彼女の歌では「いい日旅立ち」もいいですね）。これは、土地（共有持分）と建物（専有部分及び共用部分の持分）を買ったということになります。そして第三者対抗要件を備えるために法務局で登記をするとします。まず、「建物」の登記の方から説明すると、建物については「家屋番号」というのがあって、100戸の大規模なマンションであろうと、家屋番号順に登記簿に編綴（これは、「へんてつ」と言って綴じられているという意味です）されています。したがって、どの住戸の方であろうと、マンションを購入し抵当権を設定した、あるいは抹消した等のいろいろな権利変動があったとしても、登記簿を見ればすぐ当該住戸の登記内容が分かるんです。それは、それぞれの登記内容は、それぞれの住戸ごとにファイルされているからなんです。

　ところが、「土地」については問題があります。例えば20〜30戸ぐらいの小規模のマンションであれば、土地についていろいろと登記内容が記載されていたとしても、登記簿を見ればだいたい分かります。しかし、土地については建物のように家屋番号という概念がありませんので、取引があり抵当権設定等の登記申請が法務局にあれば、受付番号順に連綿とその取引内容が記載されるんです。そのために、例えば先程のコスモスマンション201号室の登記内容を調べようとしてもどこにあるのか非常に分かりずらいんです。もっと詳しく言うと、Aさんは201号室を購入したんですが、一部資金不足のためコスモス銀行からお金を借りたとしましょう。これは、Aさんとコスモス銀行との間で、金銭消費貸借契

約を締結したということになります。そして、通常は購入マンションの201号室に担保として抵当権を設定するということになります。そうすると、土地の登記簿の乙区欄にAさんの抵当権設定の内容が例えば、「原因・平成○年○月○日金銭消費貸借同日設定、債権額・金○万円、利息・日歩何銭、債務者・A、抵当権者・コスモス銀行」と記載されます（もちろん、登記簿は乙区欄だけではなく、表題部、甲区、乙区から成り立っていますが、話を分かりやすくするために、ここでは乙区欄の登記事項を例にして説明します）。

　次はBさんが506号室を購入したんですが、同じようにコスモス銀行とローンを組んで抵当権を設定したとします。そうすると、乙区欄には先程のAさんの登記事項の次に、Bさんの抵当権設定の内容が記載されます。その後CさんDさん等々全マンション購入者がそれぞれ登記をしたとします。これだけの説明では、別に複雑でもないんですが、このような登記事項が大規模なマンションになると受付番号順に連綿と記載されるということなんです。もちろん取引内容はいろいろですし、登記申請をする方も部屋番号順に法務局で申請するわけではありませんので、これでは誰の登記事項がどこにあるのか登記簿を見ただけでは全然分からなくなってくるんです。これは専門家である法務局の職員が見ても非常に分かりずらいし、捜すのに時間がかかっていたんです。

　そもそも不動産登記法の登記をする趣旨は、取引をしようとする者が登記簿を見て取引内容が分かるようにしようという取引の安全確保の意味からなんですが、このように登記簿を見ても全く取引内容が分からないということでは、取引の安全を害しますし、登記をする意味がないということになります。

　（注）**登記簿の構成について**　ここで、登記簿の構成について説明しておこう。一般的に登記簿は「表題部」、「甲区」、「乙区」から構成されている。「表題部」というのは、土地又は建物がどういった形状なのかという入れ

物としての概要を表示したものである。入れ物の概要というと、土地については所在、地番、地目、地積であり、建物については所在、家屋番号、種類、構造、床面積である。「甲区」では、所有権に関することだけを表示している。「乙区」では、所有権以外の抵当権、根抵当権、賃借権等を表示している。一般的に登記簿は「表題部」、「甲区」、「乙区」の3点セットから構成されているが、別に3点セットではなくて、「表題部」と「甲区」だけで、「乙区」がない登記簿もある。むしろ「乙区」がない方がよい。乙区は、例えば銀行からお金を借りてローンを設定した場合には担保として抵当権設定登記をするが、お金を借りていない場合は抵当権設定等の登記がないので、乙区がないということになる。

■ 土地の登記簿を建物の登記簿にくっつけた

このような事情から、マンションに関する不動産登記手続きを改正しましょうということになったんです。それではどう改正したかというと、土地の登記簿を建物の登記簿にくっつけたんです。もっと正確な言い方をすると、「敷地権」という概念をもうけて、土地については登記簿を閉鎖といいますか閉じてしまって、建物についてだけ以後の権利変動を登記しましょうということになったんです。ただし、このような扱いは例外なんです。民法の原則からいうと、土地と建物は別々の不動産です。そして不動産登記法の扱いでも、土地の登記簿と建物の登記簿は明確に分かれております。これが原則です。原則と例外を混同してはいけないんですが、ところがマンションに関しては先程も説明したように建物の登記内容は分かるんですが、土地の登記内容が複雑になりすぎて一覧性に欠けるので、土地の登記簿を建物の登記簿にくっつけてしまって敷地権という登記をして、以後の取引内容は建物の登記簿にのみ記載しましょう、土地の登記簿は閉じてしまいましょうということになりました。このように不動産登記法が改正されたんです。昭和58年の新法はこの

ような不動産登記法の改正もあいまってできているということです。不動産登記法のことは、区分所有法の説明とは離れるかもしれませんが、実はマンション管理の立場からも基礎知識として理解しておくべき重要なことです。例えば多額未収者のチェックにあたって、登記内容に変更はないか、差押えの登記はされていないか、金融機関からどの程度の借入れをしているか等は、登記簿を見れば大体のことは分かります。以上が区分所有法改正の経緯です。

5　区分所有法における「任意規定」と「強行規定」の区分

■「任意規定」と「強行規定」の区分

次に区分所有法における「任意規定」と「強行規定」の区分について説明します。他の法律もそうですが、法律の条文は「任意規定」と「強行規定」に区分することができます。

四宮和夫『民法総則』（第5版）224～225頁の説明を紹介しましょう。「私的自治が支配する領域（私法的生活関係）では、当事者は契約などで自由に法律関係を形成することができる。そして法律は当事者が自ら定めなかった部分について補充をするにすぎない。民法の多くの規定はこのような性質を有するものであり、これを任意規定と呼んでいる。これに対して、私的自治に限界を画し、違反する行為の効力を否定するのが強行規定である。どのような規定が強行規定であるかについては、当該規定の趣旨に従って判断するしかない。」とあります。

つまり、法律の規定には、契約で別段の定めをすれば契約の方が優先するものと、契約で別段の定めをしてもダメなものがあり、前者を任意規定、後者を強行規定といいいます。任意規定は、契約（規約）に特別に定められなかった場合に適用になるものですが、その作用には「解釈規定」と「補充規定」の2つがあります。ひとつは、契約の中で用いられた文言や約款の意味が不明瞭なときにそれを解釈する作用であり、も

うひとつは、契約の中で定められなかった空白を埋める作用になります。

■ 区分所有法における「任意規定」

これを区分所有法について見ると、区分所有法には、「規約で別段の定めをすることを妨げない」、「規約に別段の定めがない限り」、「規約に別段の定めがあるときはこの限りでない」等といった規定が多いですね。これは区分所有法の「強行規定」（例えば、規約変更等の特別決議）については、規約で別の定めをすることはできないんですが、それ以外の「任意規定」については、自由に定めることができ、自分たちで別段の規定を設ければそれが適用される。もし、そのような規定がない場合に区分所有法が適用されるという意味です。例えば、区分所有法では、普通決議の要件は「頭数」（人数）と「議決権」の各々の過半数の賛成が必要となっています。しかし、これは別段の定めができる任意規定ですので、これとは違う定めができます。別の定めをすれば、区分所有法よりもそちらの方が優先されます。標準管理規約でも「頭数」及び「議決権」の両方の要件ではなく、「議決権」のみの過半数にしております。

全100戸のマンション（1住戸1議決権とする）の例で具体的に考えて見ましょう。普通決議の要件として、①区分所有法では「頭数」51/100＋「議決権」51/100の賛成が必要ですが、②標準管理規約では、まず総会が成立するためには、議決権の過半数でよいので、「議決権」51/100の出席でよいことになります。そして出席した方の議決権の過半数でよいわけですから、51/100 ⇒ 26/100の賛成、つまり26人の賛成で決算・予算等の重要な議題であっても成立してしまうことになります。

区分所有法が、「頭数」と「議決権」の両方の要件を要求していることを考えると、標準管理規約ではあまりに要件を緩和しすぎており、問題ではないかという意見もあります。しかし、現実には総会を開催してもなかなか人が集まらず、出席率の悪い状況ですので、過半数の定足数

を定めたうえで、普通決議事項については、会議一般の原則に従い、出席区分所有者の議決権の過半数で決めるようにしたわけです。

■ 区分所有法における「強行規定」

一方、「強行規定」の方ですが、管理規約の改正をする場合は 3/4 以上の特別決議を経る必要があります。もっと正確に言うと、全区分所有者の頭数の 3/4 以上及び全区分所有者の議決権の 3/4 以上の賛成が必要ということになります。先程の 100 戸のマンションの例では、「頭数」75/100＋「議決権」75/100 の両方の賛成が必要になります。しかし、3/4 は気にくわないので 1/2 でよいと決めたとしても無効です。あるいは、「頭数」と「議決権」のどちらか一方の 3/4 でよいと決めてもダメです。

6 「管理組合」とは何か

* 町内会とどう違うかのか

■ 管理組合と町内会の区別

次は、「管理組合とはどういう組織か」について説明します。町内会（又は自治会といったりもします）と管理組合とはどう違うかという比較のなかで説明しましょう。これは、常識的なことではあるんですが、一般のマンション居住者は意外とこの区別を理解していないし、混同している場合もあります。

管理組合というのは、区分所有法3条に基づいて当然に成立する財産の維持管理を中心とする団体のことです。財産の維持管理が中心になります。一方の町内会というのは、相互の親睦を目的とした団体のことです。なぜこのように分けて説明しているかというと、実務上は管理組合の役員が町内会の役員も兼務する場合があります。特に小規模のマンションではこのようなケースが、もっと多いと思います。このようなこ

ともあって、マンション入居者の方も管理組合と町内会を混同し誤解している場合がありますので、フロントマンの方は面倒くさがらないで、この区別をきちんと説明しておく必要があります。

■ メンバーになれるのは誰か

それじゃ、どういった方がメンバーになれるかというと、管理組合についてはメンバーになれるのは区分所有者だけです。賃借人はメンバーにはなれません。一方町内会のメンバーになれるのは居住者です。居住者というと、区分所有者はもちろんのこと賃借人も含まれます。ですから、区分所有者ではなくて部屋を借りている賃借人の方もメンバーになることができるんです。そして、区分所有者はマンションを購入してその部屋の持主になった以上は有無を言わせず強制的に管理組合の構成員になります。いや、私は管理組合というのは労働争議の団体のようでイメージが良くないので入りませんとは、言えないんです。当然にメンバーになってしまうということです。管理組合からの脱退という概念はないんです。所有住戸を売って出ていったら脱退ということになるんですが、その住戸の区分所有者である限り有無を言わせず自動的に管理組合のメンバーになりますよというのが区分所有法の考え方です。

一方、町内会の方は加入するかどうかは自由なんです。脱退も自由なんです。しかし、実務上はこのようにするとバラバラになってまとまりがつかなくなってしまいますので、管理規約の中の容認事項とか重要事項説明書の中で、このマンションの入居者は全員が町内会へ加入する必要がありますよと記載されている場合もあります。または、マンションを建設するにあたって、近隣住民との協定事項の中でマンション住民全員を加入させることとなっており、それを分譲主からの承継事項として管理組合が引継いでいる場合もあります。

それでは、運営するにあたってのルールは何かというと、管理組合は

管理規約です。町内会はその町内会の規則がルールになります。運営する資金は何かというと、管理組合は管理費とか修繕積立金です。日常の維持管理の費用は管理費になり、修繕積立金は将来の大規模な改修工事のときに必要となります。一方、町内会の方は町内会費になります。

　(注)　**行政の窓口機関としての町内会**　町内会は、行政の窓口機関になるという面もある。例えば、マンションの近くに街灯を設置してもらいたいと行政にお願いする場合、行政の方は管理組合は相手にしないで、町内会を通して言ってきて欲しいと、対応することがある。

7　「管理規約」とは何か

■ 管理規約とは

　次に管理規約について説明いたします。管理規約というのはマンションのルールを定めたものです。例えばコスモスマンションの管理規約の中で「ペットを飼ってはいけない。」と書いてあれば、そのルールをマンションの入居者全員が守らないといけないわけです。

■ 管理規約は賃借人にも適用されるか

　先程、管理組合の構成員は区分所有者だけであり、賃借人は含まれないと説明しましたが、それでは賃借人はメンバーではないので管理規約を守らなくていいかというとそういうことはないですね。賃借人についても管理規約が適用されます。もちろん、適用されると言っても全てについて適用があるわけではなくて、賃借人が区分所有者と同様な義務を負うのは建物等の「使用方法」に関する義務に限られます。その場合の「使用方法」の範囲はかなり広く、専有部分を含めた建物等の物的利用に直接かかわる事項ならびに共同生活上の諸規則に関する事項も含まれます。しかし、「使用方法」以外の事項は、仮に管理規約でそれを賃借人にも義務づける旨を定めても賃借人に対して効力は生じません。例え

ば管理費等の支払義務を賃借人にも義務づけようとしてもダメです。また、賃借人が負う義務は、区分所有者が負うのと同一の義務ですから、管理規約で賃借人だけが遵守すべき義務を定めても、それによって賃借人を拘束することはできません。

■ コスモスマンションの具体例では

　例えば、コスモスマンション201号室のＡさんが、部屋をＢさんへ賃貸に出したとします。賃借人のＢさんもマンションの居住者として、コスモスマンションの管理規約を当然守る義務があるわけで、「ペットを飼ってはいけない。」と管理規約に書いてあったらペットを飼えないんです。あるいは、201号室のＡさんが転勤になったのでこの際201号室をＣさんに売ったとします。Ｃさんは新しくコスモスマンションの区分所有者となるわけですが、自分は後から入ってきたのでペット飼育禁止の管理規約を守らなくていいかというと、そういうことはダメなんです。このように、管理規約というのは、非常に重要な共同生活のルールであるということができます。

■ トラブルとなった場合の判断は、①管理規約、②区分所有法、③民法の順になる

　マンションでトラブルがあった場合を考えてみると、トラブルというのは、分譲主とのトラブル、施工会社とのトラブル、管理会社とのトラブル等いろいろありますが、現在は時代の流れからいいますと、区分所有者同士の争いの時代になっているとも言われています。このようにトラブルになって紛争が裁判所に持ち込まれたときにどう判断するかというと、裁判官は、まず当該マンションの管理規約はどういう定めになっているか、それをまず見ます。管理規約の中で特に定めがなければ、次に見るのは区分所有法です。マンション管理のことについていろいろと

定めている区分所有法では、どのように定めているかを見ます。そこでも何も規定がない場合は、私法の一般法である民法を見ます。このように、順序を追って判断していくことになります。

■ 特に管理規約が重要である

この中で判断に当たって一番重要なのは管理規約になります。別の言い方をすると、管理規約の中である程度トラブルを予想して詳細かつ具体的に書いてあれば、管理規約の方が優先されますので、このような意味で管理規約にどういったことが書いてあるかが重要になるわけです。

■ 管理規約のペット禁止条項について

管理規約のペット禁止条項については、道徳的な面ではペットは情操教育の一環で飼ってもいいじゃないかという意見もありますし、そもそもペットの問題は裁判で二者択一的に白黒の決着をつけるような問題ではなくて、例えば一代限りの飼育を認めますよ、とかペット飼育の賛成者と反対者も含めてお互いの話し合いの中で解決すべき問題、あるいは妥協のラインを見つける問題であると思います。ただし、残念ながらペット裁判は、数件あります。裁判所は、管理規約でペット飼育禁止と定めることは合理的な理由があり、ペット飼育禁止と書いてあれば当然守る義務があると判断しています。管理規約に定めていることが優先されるということです。

　　(注)　**ペット飼育不可マンションでの対応について**　「人とペットの共生」を目指し、1998年「ペット法学会」が設立されている。この団体は、ペット擁護論者の集まりであるが、ペット法学会事務局長の吉田真澄元同志社大法学部教授の見解でも、分譲マンションに於て管理規約でペット飼育不可となっていたら、やはり飼育は難しいとされている。

　　ペット飼育不可のマンションで飼育者がいた場合は、ペット飼育反対

派と賛成派とで深刻な問題となる。それぞれの言い分があるが、私の見るところ、ペット飼育賛成派に問題のあるケースが多いように思う。ペット飼育反対派は、何でもかんでも反対ではなく、「きちっと飼育のマナーを守る」という条件を遵守してくれるのであれば、ペット飼育に賛成しても良いと考えている。ところが、ペット飼育賛成派のなかには、（もちろん、きちっと飼育のマナーを守っている方もいるが）常識的なペット飼育のルールすら守らない自分勝手な人が多いのも事実である。そのために、ペット飼育反対派との間で話し合いがつかず、最悪の場合は、裁判になってしまうのである。

[ペット飼育者によく見られる主張]

① 自分は、飼育のマナーを守っているので、「絶対」に他人に迷惑をかけてはいない（多少は、ペットの嫌いな方に迷惑をかけているかもしれないという配慮や思いやりがない）。

② ペット飼育反対派は、私のペット飼育のことばかり攻撃しているが、他にも管理規約のルールを守っていない方がいっぱいいる。例えば、バルコニーで布団を干してはいけないのに干しているし、敷地内での違反駐車が絶えない。理事会役員はペット問題よりもそちらの問題を取り上げるべきである（これは、自分の管理規約違反を棚に上げて、問題をすり替えているだけである）。

③ 最近のペットに関する調査では、約6割の方が、ペットを飼ってもいいと考えているというデータがある。このように社会の流れがペット飼育賛成になってきているのに、ペット飼育反対を言っているのは、時代の流れに逆行している（確かに、大手一般紙にこのような調査データーがのっていた。しかし、このなかでも、「ルールを守るのであれば」という前提条件がついている）。ペット飼育者とで問題となるのは、最低限のルールすら守られていないことにある。また、「社会調査」のデーターほどいい加減なものはない。先のペットに関する調査では、誰を対象に調査したのか不明である。正確に調べるには、「分譲マンションの居住者」を対象として調査すべきであるが、先の調査では、

戸建ての方や賃貸マンションの居住者も含まれているかもしれない。「世の中に蔓延している『社会調査』の過半数はゴミである。始末の悪いことに、このゴミは参考にされたり引用されることで、新たなゴミを生み出している」という指摘もある（谷岡一郎『「社会調査」のウソ』文春新書、2000年）。

　先のペット法学会事務局長の吉田真澄元同志社大法学部教授は、『ペットの法律案内』（黙出版社、2000年）のなかで、ペット擁護論者の立場から分譲マンションに於けるペット飼育の問題を論じている。これは、ペット飼育反対派も賛成派も傾聴すべき意見である（以下は、本書の123〜127頁から引用させて頂いた。但し、著者の方で番号を振っている）。
「①　ペット飼育不可のマンションでは、もちろんペットを飼えないことは言うまでもありません。裁判になった場合、今までの裁判では100％飼い主が負けています。これは事実として把握しておく必要があります。
　②　これまでの裁判では、ペットを飼っていた人が「ペットを買う権利は人の基本的な権利である」、あるいは「ペットは今や子供の情操教育その他に必要不可欠のものであるから、飼うなという管理規約は効果のないものだ」という主張もしてきましたが、すべて退けられています。そういう意味では、裁判所は「ペット不可のマンションでペットを飼うということについては、どういう理屈を立ててもだめです」という判断をしてきたわけです。そのような判決が、すでに今まで5〜6件出てきています。
　③　ただ、現実の問題としては、ペット飼育不可のマンションでペットが飼われていないかというと、飼っている人がかなり多くいるのです。正確な数はわからないのですが、ペット不可のマンションでも、少なくとも10％ぐらいは、ペットを飼っているということです。普通のマンションで15〜20％ぐらい、多いところでは25％と言うような数字もあります。日本のペットを飼っている家族が全世帯の3分の1にのぼることを考えれば、マンションの場合、とりわけペット飼育不可のマンショ

ンの場合は平均より少なめになってはいます。けれども、少ないとはいえペットは飼われているのです。そして、飼っている人がよほど迷惑をかけるというようなことがなければ、ほかの人もとりたてて何も言わないという現状があるのです。

④　そのあたりのことをふまえれば、ペット飼育不可のマンションでどういうふうにすべきかということも少しは考えておいたほうがよいだろうと思います。裁判になれば負けるわけですから、ペットを飼っている人からすれば可能な限り裁判という形にならないような努力と工夫をする必要があります。その努力と工夫というのは、取りも直さず具体的な迷惑をほかの人にかけないことです。つまり、犬の場合なら無駄吠えをさせないようにする、そしてよく手入れをして、悪臭を漂わせたり毛を飛散させたりしないように注意をすることが必要だと思います。それと、マンション内での人間関係を良好に保つことも重要です。それをきちんとしていれば、今の社会的な状況からすれば、ペット飼育不可のマンションでペットが飼われていても、とことんまでだめだと言って裁判をするということにはなっていないのです。多くのマンションでたくさんのペットが飼われていながら、ペットを手放せという類いの裁判は実はほとんど無きに等しいというほど少ないのです。

⑤　ただ、他方でやはりトラブルの種がくすぶっているところもかなりあると聞いています。そういう場合は、飼い主の方が少し考え違いをしているのではないかと思えるケースが多いようです。つまり「ペットを飼ってはだめだと規約で決められております。だから飼わないでください」と言ってこられたときに、「申し訳ありません」「決して迷惑をかけないように注意をいたしますからなんとかご勘弁を」と言えばまだいいのですが、「規約ではそうなっているけれども、誰に迷惑をかけているわけでもありません」という口のきき方をすると、相手はカチンときます。まずそこで、トラブルの火種が生まれてしまいます。

⑥　そのトラブルが個人と個人の間だと収められる可能性が強いのですが、管理組合がその問題を取り上げざるを得ないということになってくると、管理組合の立場からすれば管理規約を守ってもらうのは当然の

ことで、「ペット飼育不可という管理規約は守らなくてもいいです」とは決して言えません。そこで集会が開かれて、とりあえずは勧告をするということになって、たとえば「半年以内に手放してください」というようなことになります。飼い主は、当然それを守れません。そんなことができるぐらいならはじめから飼わないという感じで、そのままいることになります。それがエスカレートして、最終的に裁判ということになるのです。

⑦　飼い主のほうも少しは不安になって、例えば動物好きの仲間などに相談すると、「ペットの1匹ぐらい、ほかの人に迷惑をかけていないのならいいじゃないか」と応援します。すると自分のやっていることは間違っていないという気持ちになてしまって、「裁判をするならどうぞ勝手に」という開き直りの姿勢を見せることになり裁判になってしまうのが、これまでの裁判になったケースに見られる典型的なパターンで、どのケースもパターンは似たり寄ったりです。

⑧　ペット飼育不可のマンションでは、基本的に飼い主が規約違反をしているのです。だから最終的には「ペットを手放しなさい」と言われることもあり得ます。そうならないためには、自分がどこまで説明し、ほかの人に納得してもらえるかということを考えて、やはり話し合いを重ねて「なんとか飼わせてもらえないでしょうか」「これだけのことをします」という類いのことを約束し、飼うことだけは認めてもらうという姿勢と誠意を示す必要があります。

⑨　そうしているところでは、「そこまで言うならしかたがないでしょう。取りあえず今飼っている1匹だけは飼ってもよろしいが、そのかわり、これだけのことは守ってください」ということになります。結局、かなり多くのところで「一代限りなら飼ってもよろしい」となっているわけです。ただ、その一代限りのペットについては「まず管理組合にペットについて所定の届出をしてください」「そしてこれだけのことを必ず守ってください」と、かなり厳しい条件を付けて飼ってよいとされているのです。」

■ 以前は問題のある管理規約が多かった

このように管理規約というのは重要なルールであるわけです。昔は、マンション分譲主の方でやりたい放題というか、自分たちに都合のいいようなことを管理規約の中にいろいろと盛り込んでいるケースが多かったんです。あるいは、等価交換のマンションでは、元地権者に有利な内容を盛り込んだ管理規約も結構ありました。マンションは全戸数に対して駐車場の設置台数が少ない場合が多いんですが、例えば全駐車場のうち半分ほどは元地権者が自由に使用できるとか、あるいは駐車場使用料は毎月1万円なんですが、元地権者だけは半額の5,000円で使用できるとか、要は元地権者から立地条件の良い土地を購入するためにマンション完成後の維持管理のことをまったく考えていないような管理規約もありました。現在でも、残念ながら問題を含んだような管理規約が未だにあります。

■ マンションの販売方法も今だに問題がある

マンションの販売方法に関しても未だに問題があって、例えばマンション敷地内の駐車場をさらに分譲するというケースもあります。この分譲方式は1度売った敷地を2重に売買するものであり無効ではないかと裁判で争われたんですが、最近の最高裁判決では問題はあるが有効であると判断しています。しかし、このような分譲方式が認められ、しかも最高裁のお墨付きがもらえたということになると、非常に問題であると思います。ただでさえ、トラブルの多いのが駐車場ですから、それに輪をかけて不公平な扱いをすることになりますので分譲主の方でトラブルの種をまいているようなものです。そもそもマンションの販売というのは、ハードの建物だけを販売しているわけではなくて、ソフトである管理システムも一緒にセットにして複合商品として販売しているわけです。売主としてはマンションの購入者が入居後もトラブルがないように

配慮する義務があります。現在は、消費者保護が強く意識され不公平な契約等はその有効性に関して細かく検討しなければならない時代状況であると思います。その意味から言うと、駐車場分譲に関する最高裁判決は時代の流れに逆行していると思います。

(注)　「赤字補填条項」について

　マンションがなかなか売れないときには、「赤字補填条項」を管理規約に入れるケースがよくある。例えば、分譲主は管理規約の中で「容認事項」という項目をもうけて、いろいろとマンション購入者の義務とか不利益になることを細かく書く場合が多い。これは、マンション建設にあたっての近隣住民との協定事項とかそれなりに理由のある事項もあるが、「赤字補填条項」というのは、まったくの売主側の一方的な自己都合で入れている条文である。

　例えば、コスモス不動産が全100戸のコスモスマンションを販売したとする。ところがなかなか売れなくて、マンション竣工後も30戸が未販売住戸として残ったとしよう。区分所有法の考え方でいうと既に販売済の70戸の区分所有者と未販売住戸の30戸を持っているコスモス不動産とを構成員とするコスモスマンション管理組合が当然成立していることになる。コスモス不動産は、残30戸の販売主であるが、30戸の住戸を持つコスモスマンションの1区分所有者という立場でもある。マンションを管理するにあたっては、日常の維持管理のために「管理費」が必要になるし、将来の大規模改修工事のために「修繕積立金」を積立てておく必要もある。したがって、コスモス不動産も残30戸を持つ1区分所有者であれば、マンションの区分所有者の当然の義務として30戸分の管理費と修繕積立金を支払う義務がある。ところが、分譲主の方ではなんとかしてこの管理費等の負担を免除してもらおうといろいろと考えることになる。分譲主の方は、マンションが売れないために銀行から借りたお金の金利の負担と未販売住戸の管理費等の負担の二重の負担に苦しむことになるからである。そこで出てきたのが「赤字補填条項」である。

マンションの販売で重要な書類として「重要事項説明書」、「売買契約書」、「管理規約」のいわゆる3点セットがあるが、この3点セットに赤字補塡条項を入れて販売することが実務上行なわれている。赤字補塡条項は、次のような文章になっている。

「管理組合の年度末決算の結果、不足額が生じる場合についてのみ分譲主は売れ残りマンションの管理費負担義務を負う。但し、修繕積立金は負担しない。」

この文章だけでは分かりづらいと思うが、先のコスモスマンションの例で言うと、70戸の販売済住戸の区分所有者だけで管理費を負担しなさい、分譲主は管理費は払わない。しかし、70戸分の管理費で維持管理費用が不足する場合にはじめて分譲主はその不足分を支払います、ということである（「赤字補塡」の反対は「空室補塡」である。空室補塡というのは、残住戸30戸の管理費及び修繕積立金について、区分所有者の当然の義務として負担するということである。良心的な分譲主は未販売住戸が発生しても、空室補塡で対応している）。

これだけでも問題であるが、もっと問題なのは修繕積立金は一切負担しないということである。管理費については、不足が発生したら負担すると言い訳をしているが、修繕積立金は一切負担しないとなると、当初から毎月きちんと払い続けている70戸の区分所有者とまったく払わない分譲主の方で不公平になる。

修繕積立金は住戸の売買があっても転出者に返金されず、管理組合の資産として積立てられていくお金であり、積立金残高がいくらあるかで売買時の評価も変わってくる。分譲主が修繕積立金を負担しないということは、このような区分所有者としての義務を負担せずに、将来の改修工事の費用負担を免除され、しかも売買時に他の区分所有者が積立てた修繕積立金残高により未販売住戸が評価されるという恩恵をこうむっていることになる。管理費については、販売面で苦しいから苦肉の策でやったとしても、修繕積立金については分譲主であろうと当然に負担すべき性質の費用であると

思う。

　このようにいろいろと問題のある赤字補塡条項であるが、この条項の有効性を巡って争われた有名な判例がマンハイム武庫之荘事件（大阪地判昭62・12・25）である。裁判所の判断では、この赤字補塡条項は有効とされている。つまり、重要事項説明書等の3点セットに明確に容認事項として書かれており、マンション購入者もこれを承認して購入したわけなので、分譲主がどのような契約をしようと契約は自由だから、有効であると判断されたわけである。しかし、いくら契約は自由であり、3点セットの中で分譲主が説明しているといっても、プロのマンション分譲業者と素人のマンション購入者の立場の違いもあるし、消費者保護の考えからも非常に問題のある判例であると思う。しかし、残念ながらこれが悪い見本となって、販売の苦しい分譲主の管理規約、重要事項説明書等では、この赤字補塡条項をよく見かけるし、大手分譲主でも未だに改善されていないようである。

　ここで誤解のないように補足説明すると、分譲主は売れ残った住戸の管理費及び修繕積立金を負担しないでよいと認められるのは、例外中の例外であるということである。管理費等の負担を免除してもらうには、重要事項説明書、売買契約書、管理規約の3点セットに必ず赤字補塡条項を明記する必要がある。逆に3点セットに赤字補塡条項が書いてないにもかかわらず、分譲主が管理費等を負担しないのは有効かというと、これは無効である。前述したように、まだ残住戸の販売が残っているとはいえ、分譲主であろうと1区分所有者であることに変りはないわけで、区分所有者として当然に管理費等の負担義務があることになる。分譲主の売れ残りマンションの管理費等支払義務を認めた判例として、大阪地判昭57・10・22、東京地判平2・10・26等他にもたくさんある。

　判例の中でも、「分譲業者であっても、未分譲の区分所有権を所有する以上、共用部分の管理費等を支払わねばならないのは当然である」、「分譲業者には管理費等の支払いが免除される旨の商慣習の存在を認めるに足る証拠はない」とされている。

8 「標準管理規約」とは何か

■ 昭和58年版標準管理規約

　管理規約についてはいろいろと問題があったので、建設省の方ではこれではいけないということで昭和58年に標準管理規約を出しました。標準管理規約は、マンションで管理規約を作成するにあたって指針となるようなモデルの管理規約のことです。これからの説明の中で昭和58年版標準管理規約と言ったりしますが、正確に言うと、このモデル規約は昭和57年にできていたんですが、区分所有法が昭和58年に改正されたので、その改訂版ということで昭和58年に住宅宅地審議会から答申されたものなんです。これは一般分譲の住居専用マンションで、50ないし100戸程度の中規模のマンションを想定して作成したものです。この標準管理規約は、管理規約を作成する場合のモデルとして活用され、マンション分譲業者にも浸透しております。しかし、モデルとして標準管理規約が活用されたのはいいのですが、極端な例ではただ単にマンション名を入れて標準管理規約をそのまま持ってきたというケースも多い。建設省の方ではそうではなくて、マンションによっていろいろとバリエーションに応じて個性を出してそのマンション独自の管理規約を定めて欲しいと考えており、標準管理規約はあくまでそのための指針であると考えていたんですが、現実はその通りにはなってなくて、どこのマンションの管理規約もまったく個性のない似たり寄ったりの内容になってしまっています。

■ トラブルになった場合の判断基準として標準管理規約が参考とされる場合もある

　先程、トラブルになった場合の判断基準として、①管理規約、②区分所有法、③民法があると言いましたが、このように標準管理規約が

マンション分譲業者にかなり浸透していますので、裁判所の判断基準として標準管理規約が参考にされる場合もあります。もちろん標準管理規約は法律ではないんですが、これだけ行き渡っていますと、マンションの問題を判断する場合の重要な指針となるのです。

■ 標準管理規約の内容は

　さて、標準管理規約にはどのようなことが書かれているかというと、ほとんどが区分所有法に書いてあることを確認的な意味で入れてある箇所が多いのですが、一方独自の規定を置いてある箇所もあります。数例をあげると、例えば区分所有法では「普通決議」の要件は頭数と議決権の両方が過半数なければならないんですが、これは任意規定であり別段の定めができますので、議決権だけの過半数でできる、と実務上の運営がやりやすいように区分所有法の規定に修正を加えています。また、区分所有法では、専有部分であるための要件として「構造上の独立性」と「利用上の独立性」が必要とされ、専有部分以外の建物部分が共用部分とされます。しかし、この判断基準だけでは分かりづらく、実務上は専有部分と共用部分の範囲を巡ってトラブルとなることも多かったのです。そこで、標準管理規約では専有部分と共用部分の範囲についてトラブルとならないように具体的に規定しています。さらには、区分所有法では管理業務の執行機関として「管理者」という規定を置いていますが、これはなかなか分かりづらいですね。そこで「理事会」による運営にして、その理事会の代表者を理事長にしています。

■ 平成9年版標準管理規約

　この昭和58年版標準管理規約は、結構内容が充実しており、ほとんどのマンションで採用されていたんですが、一部不具合とか改正すべき点もあって、約15年後の平成9年2月に改定版が出ております。今後

実務上使われるのは、平成9年2月の標準管理規約（以後、平成9年版標準管理規約と言ったりする）になります。

■ 昭和58年版標準管理規約と平成9年版標準管理規約の比較

昭和58年版標準管理規約と平成9年版標準管理規約を比較した場合にどこがどう違うのか、次に説明しましょう。

(1) 用語の表現を分かりやすくしました。「ごみ」のことを「塵芥」と言っていたんですが、塵芥という言葉はあまりにも分かりづらいので、分かりやすい言い方にしました。

(2) 駐車場を使用できる権利をこれまでは「専用使用権」と言っていたんですが、債権契約ではなく物権的な権利と誤解されたり、その使用上の権利を巡ってトラブルも多かったので、駐車場については専用使用権という用語は使わないようにし、また「使用権」という語も使用しないようにしました。ただし、同じ専用使用権でも、バルコニーの使用については問題もないので、バルコニーには、専用使用権をそのまま使っています。

(3) 長期修繕計画の作成等に関する業務を管理組合の業務として位置づけました。以前は、長期修繕計画のことは何ら規定されていなかったんですが、将来の大規模修繕を実施するためには長期修繕計画を作成して計画的に修繕積立金を積立てていく必要があるということで、この長期修繕計画の作成は管理組合の業務であるということを明記しました。

(4) 専有部分のリフォーム工事についての規定を整備しました。最近では床のフローリング工事等のリフォーム工事が盛んに行なわれていますが、以前はこのような場合の手続きが明確にされていなかったことから、工事によるトラブルが絶えなかったんです。そこで専有部分のリフォーム工事をやる場合は、事前に理事長へ工事内容の図面や工事仕様の資料を提出して許可を得なければ工事ができないという規定を置きま

した。これによって、事前チェックを行いトラブルを防止しようと考えているわけです。

(5) 使用細則で手続き的な事項を定める場合であっても、それの前提として管理規約本文で基本的事項を定めておかなければならない事項を明確にしました。以前はこの関係が不明確で、本来は管理規約本文に定めて3/4以上の特別決議で設定・変更等の承認を得なければならないと思われる事項でも、使用細則に定めて1/2を越える普通決議で設定・変更等を行っている場合がありました。特に専有部分の使用方法を制約するような規定は、管理規約本文でその基本的事項を定める必要があります。具体的には、犬・猫等のペット飼育規制、ピアノ等の楽器の演奏時間の制限、専有部分の大規模な修繕・改修等に関する規制等があげられます。

(注) フローリング工事の遮音性の基準について

　フローリングについては、上下階の音の問題でトラブルとなるケースが多いが、音の基準として「L−45」とか「L−40」とか言ったりする。また、上下階のコンクリート「スラブ厚」がどうとか言ったりもする。L値は上の階の床をたたいた時生じた音が、どれだけ下の階に伝わるかを意味している。L値が低い程性能が良いということになるので、「L−45」よりは「L−40」の方が良い。以前はフローリング工事の施工レベルが低くて、「L−50」というのもあったようであるが、現在では「L−45」又は「L−40」あたりのグレードが一般的だと思う。

　「スラブ厚」というのは、住戸床のコンクリートの厚さであるが、基本的には15cm以上あればいいが、もっとグレードの良いマンションでは20cm以上あったりする。スラブ厚が20cm以上あって、なおかつL−40以下であれば、本当にグレードがいいことになる。しかし、初めてマンションに住む方は誤解することが多いが、どんなに施工上努力しても音は必ず出る。いくらか施工レベルによって静かになるという程度の話である。

参考までに各L値で想定している音のレベルを紹介しよう。

以下は、NPO法人京滋マンション管理対策協議会『標準管理規約』(1994年6月26日発行)「専有部分改修工事施行細則」別表32頁を引用させて頂いた。

遮音等級と遮音等級別の生活状態

遮音等級	集合住宅としての等級		遮音等級別の生活状態	
	軽量床衝撃	重量床衝撃	軽量(LL)椅子、物の落下音など 重量(LH)足音、走りまわる音など	集合住宅での生活状態
L－40	特級	特級	LL：ほとんど聞こえない LH：遠くから聞こえる感じ	気がねなく生活できる
L－45	1級		LL：サンダル音は聞こえる LH：聞こえるが気にならない	少し気を付ける
L－50	2級	1級	LL：ナイフなどは聞こえる LH：ほとんど気にならない	やや注意して生活する
L－55		2級	LL：スリッパでも聞こえる LH：少し気になる	注意すれば問題ない
L－60	3級	3級	LL：はしを落とすと聞こえる LH：やや気になる	お互いに我慢できる限度
L－65	級外		LL：10円玉で聞こえる LH：よく聞こえ気になる	上階に子供がいれば文句が出る
L－70			LL：1円玉でも聞こえる LH：大変よく聞こえうるさい	自分のところに子供がいても上階が気になる
L－75			LL：大変うるさい LH：大変うるさい	注意していても文句がくる
L－80			LL：うるさくて我慢できない LH：うるさくて我慢できない	忍者的生活が必要

（日本建築学会作成）

● 軽量床衝撃音＝LL→食器を落としたときなどに発生する比較的軽くて硬い衝撃音
● 重量床衝撃音＝LH→子供が跳びはねた時などに発生する重くてにぶい感じの衝撃音
● L値＝L値は上の階の床をたたいた時生じた音が、どれだけ下の階に伝わるかを意味しています。ですから、このL値が小さいほど性能が良いことになります。
● カタログのL値＝メーカーのカタログには防音床材の性能を示すL値が表示されています。これはJIS（日本工業規格）に基づき、コンクリートスラブ（下地の床）の厚みを150mmとして測定されています。この条件が変われば、たとえ150mmのときL値が50でも、スラブ厚が120mmになればL値が55になるといったことがあります。

9 「専用使用権」とはどのような権利なのか

＊ 専用使用部分としての「バルコニー等」と「駐車場」の区別

■「専用使用権」とはどのような権利か

次に、専用使用権について説明します。これは区分所有法に出てくる用語ではなくて、講学上の用語です。専用使用権とはどのような権利なのか定義しますと、専用使用権というのは建物の共用部分又は敷地を特定の区分所有者だけが排他的に使用できる権利です。

■ 専用使用権の対象としてバルコニーと駐車場が典型的である

専用使用権の対象となる「建物の共用部分」として典型的なものは、バルコニーです。「敷地」については、青空駐車場としてラインを引いた屋外駐車場が典型的な例になります。もちろん、駐車場は青空駐車場ばかりではなくて、マンションの建物内の例えば1階部分や地下部分に駐車場を設けるという例もあります。

■ 専用使用権の対象としてのバルコニー

このように専用使用権の対象部分は、①「バルコニー」と②「駐車場」の2種類がありまして、バルコニーはたまたまその部屋にくっついていますので、その住戸の方しか使用できないという構造になっています。そのためにバルコニーは共用部分であるのですが、よく専有部分であると誤解されます。しかし、バルコニーは消防法上の避難通路や火災等の非常の際は隣の住戸との隔板を破って逃げるための場所であるわけです。バルコニーの使用に関しては、無料という場合が多いと思います。

■ 専用使用権の対象としての駐車場

一方、駐車場は全員の共有地である土地の一部を特定の方だけが使えるようにした場所です。そして、使用料として1万円等の駐車場使用料を徴収する場合が多いのです。

■ コスモスマンションの具体例では

具体例で言うと、コスモスマンション201号室の所有者がAさんですが、転勤のためにCさんへ所有住戸を売ったとします。新しく区分所有者となったCさんは、201号室のバルコニーを引き続き使用できます。ところが、同じ専用使用権でも駐車場に関しては扱いが違います。先程のAさんは、マンション敷地内の駐車場を使用しており、その区画がNo.3区画だったとします。この場合に新しく区分所有者となったCさんはバルコニーと同様にNo.3区画の駐車場を使用できるでしょうか。結論から言うと、Cさんは引き続き駐車場を使えるわけではないのです。詳しく言うと、Aさんが使っていた駐車場は管理組合との賃貸借契約に基づいて使わせてもらっている場所なので、売買等により区分所有者でなくなる場合には、その駐車区画No.3は、一旦管理組合へ返してもらう必要があります。そして、管理組合ではそのNo.3区画について新たな使用

者を募って抽選等の公平な方法で次の使用者を決定するということになります。

■ 駐車場については専用使用権の用語は使わないようにした

現在はかなり少なくなっているんですが、以前のトラブルがあったケースではこのAさんが部屋を売るときに、自分の住戸は駐車場付きですよといって売ってしまい、後の購入者Cさんの方は駐車場が使えると思ったのに使えないということでトラブルになることもあったのです。特に駐車場に関してはトラブルが多いのですが、駐車場が使用できる権利を専用使用権と言っていたために、この言葉を見ると物権的な誰に対しても主張できる権利のようなイメージを持たれて、変に誤解されていた点があったと思います。そのために平成9年版標準管理規約では改正されています。つまり、バルコニーについては専用使用権という用語を使っていますが、駐車場についてはトラブルが多いので使用できる権利は物権ではなくて、単なる債権である、賃貸借契約であると言うことを明確にするために、専用使用権という用語を使わないようにしたのです。単に、駐車場の使用という言い方にとどめています。

10 「専有部分」及び「共用部分」の判断基準

次に、マンション管理のうえで重要な用語の解説をいたします。

■「専有部分」と「共用部分」の区分

マンションは、土地と建物からなっています。建物の中で専有部分と共用部分に分かれます。時々土地についても共用部分と言っている方がいますが、**共用部分というのは建物に対する概念です**。専有部分とは何かということですが、簡単に言ってしまうと、101号室、102号室等の各住戸のことです。それ以外が共用部分になります。具体的には、エン

トランスホール、共用廊下、共用設備、屋根、外壁等の各住戸以外の部分になります。

■ 専有部分であるための要件として「構造上の独立性」と「利用上の独立性」が必要

　専有部分であるための要件として区分所有法では「構造上の独立性」と「利用上の独立性」の2つの要件を備えていなければならないとされています。各住戸は、この2つの要件を備えていますね。住戸の回りを壁で囲われていますので、構造上の独立性は当然あります。利用上の独立性とは、102号室の例で言えば、102号室へ行くのに102号室から入れるようになっているということです。当たり前のことを言っているようですが、102号室へ行くのに101号室からしか入れないということであれば、102号室は利用上の独立性がないということになります。

■「管理員室」を巡っての紛争例

　この専有部分であるかどうかで、「構造上の独立性」と「利用上の独立性」が検討された典型的な事例は、「管理員室」を巡っての紛争例です。実際に判例も何件かあります。現在のマンション分譲業者はかなり良くなっていると思いますが、昔は悪質な分譲主も多く、管理員室を分譲主の所有であると登記する例もあったのです。これに対して管理組合側は、管理員室は我々全員の財産じゃないか、これは分譲主の専有部分として勝手に登記できるわけではなくて、我々全員の共有に属する共用部分であると主張したんです。共用部分だから、専有部分として登記するのはおかしい。登記を抹消して管理組合へ返せと裁判を起こしたんです。その場合の判断基準として「構造上の独立性」と「利用上の独立性」が検討されるんです。

■ 管理員室は専有部分か共用部分か

　管理員室というのは、専有部分の要素を備えていますが、受付や火災報知器等の各種警報盤等の共用部分の維持管理のための設備もあります。私は、管理員室は当然に共用部分として考えるべき部分ではないかと思います。裁判所の判断基準が明確ではない部分もありますが、最近の最高裁判決では、管理員室が専有部分か共用部分かで争われた事例で、構造上の独立性があり、共用設備のまったくない管理員室を共用部分だとしました（最判平5・2・12）。

■ 実務上の「管理員室」の扱い

　実務上はどうしているかというと、管理員室は通常は「構造上の独立性」と「利用上の独立性」があるので、そのままでは専有部分として扱われる恐れがありますが、管理規約の中で管理員室は「規約共用部分」であると明記しております。そして、規約共用部分としての登記をしております。**規約共用部分**というのは、本来は専有部分ですが管理規約の定めで共用部分としている部分のことです。

■ 法定共用部分と規約共用部分

　ここで共用部分と規約共用部分は、どう違うかについて説明します。正確に言うと、共用部分は「法定共用部分」と「規約共用部分」に分類されます。法定共用部分というのは、専有部分以外の建物の部分及び専有部分に属さない建物の附属物のことです。規約共用部分というのは、一応は専有部分なんですが、規約によって共用部分とされた建物の部分及び附属の建物のことです。法定共用部分と規約共用部分の実務上の差異は、前者は登記がいらないが（もっと正確に言うと、登記上の手当てがされていない）、後者については登記をしないと第三者に対抗できないというところにあります。

（注）　管理員室が専有部分であるか共用部分であるかの判断について
管理員室が専有部分であるか共用部分であるかは、管理員室の「構造」及び「機能」からも総合的に判断する必要がある。一口で管理員室といっても、管理員の勤務形態に合わせて、「住込み」、「通勤」、「巡回」用に設置されており、その構造は様々である。通勤や巡回用の管理員室であれば、法定共用部分と考えた方がよいように思う。管理員室が専有部分か共用部分かで争われた事例は、住込み用の管理員室を巡っての紛争例が主であると思う。現在は、管理員の住込み管理は少なくなり、ほとんどが通勤管理である。ということは、管理員室は、それ程の広さがなく正に受付・点検等のための部屋ということになる。この点からも、管理員室は規約共用部分とあえて規定しないでも、法定共用部分であると考えることができるのではないかと思う。

11　「専有部分」及び「共用部分」の範囲はどこまでなのか

＊　①　内法説　②　壁心説　③　上塗説

■「専有部分」及び「共用部分」の範囲はどこまでなのか

　今までは、ただ各住戸が専有部分で、それ以外が共用部分であるというお話をしてきましたが、それではどの範囲までが専有部分で、どこまでが共用部分なのかもっと具体的に説明します。

　コスモスマンションの201号室と202号室の例で考えると、201号室と202号室の間にはコンクリートの壁があります。また、201号室自体もコンクリートの壁で囲われていますね。そして、コンクリートの壁に直接クロスを貼ってある場合もありますが、ボードを入れてボードの上からクロスを貼ってある場合もあります。このような例で、専有部分の範囲はどこまでなのかと言うと、考え方が3つあります。第1は、「内法説（基準）」で、第2は「壁心説（基準）」、第3は「上塗説（基準）」です。

　専有部分である住戸は自分の持ち物であり、所有権の対象となる部分

ですから、民法206条に所有権の内容が規定されているように自由に使用・収益・処分ができます。それじゃ、どこまでが自分の持ち物として自由に扱えるのかということです。

■ 内法説（基準）とは

まず、第1の「内法説（基準）」から説明します。201号室の例で考えると、住戸内のコンクリート壁で囲まれた部分だけが専有部分だという考え方です。別の言い方をすると、コンクリート壁で囲まれたこの空間部分だけが専有部分であるとする考え方です。不動産登記法も実はこの内法説を採用しています。不動産登記法施行令8条では、区分所有建物の専有部分の床面積は、専有部分の内壁面で囲まれた部分の水平投影面積で計りなさいとなっています。

■ 壁心説（基準）とは

第2の「壁心説（基準）」というのは、建築基準法の考え方です。これは、「壁心（芯）」という正にこの言葉通り、壁の中心までが専有部分であるとする考え方です。したがって、内法説よりは壁心説の方が専有面積が広くなります。

■ 上塗説（基準）とは

第3の「上塗説（基準）」を説明します。上塗説は内法説と同じであると書いてある本もあるようですが、正確に言うとこれは違います。上塗説は内法説に近いんですが、これに内装部分のボードやクロス部分も含めて、これを専有部分であるとする考え方なんです。

■ 標準管理規約では上塗説を採用している

このように専有部分の範囲について、以上の3つの考え方があるんで

すが「標準管理規約」では、上塗説を採用しております。また、管理組合が中心となって掛ける共用部分の火災保険も、専有部分の範囲については上塗説を採用しております。この方が共用部分の範囲が広くなりますので、万一火災事故が発生したとしても共用部分の損害復旧に対応できるだろうとの考えからなんです。

（注）　区分所有法では床面積の測定方法を内法説（基準）にしているだけである。

　区分所有法14条1項では「各共有者の持分は、その所有する専有部分の床面積の割合による」とあり、同条3項で、その床面積は「壁その他の区画の内側線で囲まれた部分の水平投影面積による」とある。この条文を見ると、区分所有法では専有部分と共用部分の境界について「内法説（基準）」を採用しているように思うかもしれないが、そうではない。

　これは、床面積の測定方法として区分所有法では、内法説（基準）を採用しているというだけのことであり、この規定によって専有部分の範囲を壁の内側線で囲まれた部分に限定する趣旨ではない。専有部分そのものの範囲の区画は、本条によっては律せられず、したがって、依然として法解釈および規約に委ねられている。

■ それぞれの基準で計ると

　このように3つの考え方があって、床面積はそれぞれの計り方で計算すれば、違ってくるのは当然の話なんです。適当な例で比較して言いますと、201号室の床面積をそれぞれの基準で計った場合は、内法基準で75㎡だとすると、壁心基準では壁の中心部分までが含まれますので85㎡ぐらい、上塗基準ではボードやクロスの内装部分が含まれますので、内法基準よりは少し広くなって80㎡ぐらいになるでしょうか。

[セミナー第1部] マンション管理法の基礎知識　53

■ マンション購入客は誤解する

　このように面積が違ってくるのは当然の話なんですが、マンション購入者の中に、たまに誤解する方がいるんです。「販売パンフレットでは住戸面積を 85 ㎡と書いてあったのに、実際に法務局で登記をしたら 75 ㎡だった。10 ㎡も小さくなっている。これは売主が詐欺をしているんじゃないか」と。しかし、先程から説明しているように計り方が違うので、差が出てくるのは当然のことなんです。

■ 販売パンフレットや図面集では注意書きしている

　もっとも、このように一般のマンション購入者が床面積のことで誤解しないように販売パンフレットや図面集の中でも注意書きはしてあるんです。例えば、次のように書いてあります。「この図面集に記載されている住居専有面積は建築基準法に基づき壁の中心線からの寸法で計算（壁心計算）をしてありますので、登記簿上の内法計算による面積はこれより小さくなります。」さらには、販売パンフレットの面積が大きく表示されるのは、パイプ・スペースやメーター・ボックスの面積も含めて表示しているからなんです。これについても、誤解されないように「PS（パイプ・スペース）、MB（メーター・ボックス）は住居専有面積に含まれます。」と図面集では注意書きされています。もちろん、良心的な一部の分譲主では、パイプ・スペースやメーター・ボックスの面積を含めないで住居専有面積を表示しているところもあります。

■ 表示の仕方に問題がある

　このように売主の方では注意を促しているから誤解も少ないだろうと思うかもしれませんが、実はそうでもないんです。というのは、今説明した注意書きというのは、図面集の片隅に小さな字でゴチャゴチャと書かれていて、あまり購入者に注意を促すような書き方ではないのです。

■ PL法の「取扱説明書」の表示の仕方

話が横道にそれますが、PL法（製造物責任法）で「取扱説明書」の表示の仕方が問題となったときに、「危険」、「警告」、「注意」と重要なメッセージについてはイラストを入れたり、字を大きくしたり、カラー表示したりと、いかに分かりやすくかつ誤解のないように購入者に伝えるかに重点がありました。逆に不適切な表示をしていた場合、企業として莫大なPL法に基づく損害賠償を請求されるリスクがありますので、真剣に「取扱説明書」の表示の仕方に取り組んだものです。PL法はマンション等の不動産には直接の適用はありませんが、販売用のパンフレット、図面集の中の用語や説明文についてもPL法にならって消費者保護の視点から分かりやすくする工夫はあって当然だと思います。しかし、現状では注意書きをわざと小さく書いて購入客が誤解するのを利用している面があるとしか思えません。

■ 最初から誤解のないように内法基準で表示できないか

そうであるならば、購入客が誤解しないように最初から内法基準で販売パンフレットに表示したら良いではないか、という意見もあるかもしれません。しかし、現実にはこれはできないのです。どういうことかと言うと、マンションは青田売りといってマンションが完成する前に、建設現場近くにモデルルームを作って図面やパンフレットを見せながら売るというやり方が一般的なんです。この段階では、建築基準法による建築確認申請時の住居専有面積は壁心基準で出ていますが、マンションが完成して住戸内の内装工事も全て終わった後でないと内法基準による測定はできないんです。そもそもマンション自体が完成していないので、内法基準で計れないのは当然ですね。

■ 青田売りとは

　ここで青田売りのことをもう少し説明しましょう。「青田売り」のそもそもの辞書的な意味は「貧窮農民が青田の収穫予想米を安値で予約売りすること」（新潮現代国語辞典〈2〉）なんですが、稲が完全に成長していない青田の状態で売ってしまうことをマンション販売に当てはめて、マンションが完全には完成していない未完成状態で売ってしまうということです。つまり、マンション建設は着工から竣工まで早くても1年半ぐらいかかります。しかし、販売は工事の途中で行うのが常識になってまして、このような未完成状態の商品を売ることを青田売りとよんでます。

■ なぜ青田売りをするのか

　どうして、このように分譲主は建築確認申請の下りた段階で販売を始めるのかというと、分譲主は土地を仕入れてそこにマンションを建設販売して、お客から購入代金を回収することによってはじめてお金が入るんです。例えばマンション販売用の土地を仕入れてマンションが完成するまで2年間かかるとすると、その間分譲主は土地の購入代金を含めて銀行からお金を借りているわけです。お金を借りたらその間の金利が発生するので、できるだけ金利の負担がないようにしたいわけです。ですから、最初に青田（未完成マンション）の段階で売ってしまって、できるだけ早くお金を回収した方がいいわけなのです。マンションが完成した後にはじめて販売をするとなると、その2年間の間お金が回収できず、しかもその間金利の負担だけが重くのしかかってきます。

■ マンション完成後販売する一部の業者もある

　今までは、ほとんどの分譲主がこのような青田売りをやっていたんですが、ある大手分譲主が一部のマンションで青田売りをやめて、マン

ションが完成してから販売を始めるようにしたという記事が新聞で紹介されていました。この分譲主は完成販売をうまく利用して集客に結びつけています。どういうことかというと、マンション入居後よくトラブルとなるのは、上下階の音の問題なんですが、この分譲主はマンションへ来場したお客を住戸内へ案内して実際に上下階の音を体験させるんです。「お客様、上下階の音は当社ではこの程度です。実際に確認してから購入して下さい」と。しかし、この分譲主も全ての物件について完成販売をしているわけではありません。要は、販売が難しい物件について悪い条件を逆手にとって完成後に販売を始めたというのが実際のところだと思います。

12 「専有」と「共用」の領域概念表

■ 専有部分と共用部分の区別は明確ではない

専有部分と共用部分の範囲について標準管理規約は、「上塗説（基準）」を採用し具体的に規定しているんですが、それでもこの解釈を巡って紛争となることがあります。区分所有法の考え方は、「専有部分」か「共用部分」かの二者択一ですね。専有部分でなければ、共用部分になります。そして、この区分に従えば、専有部分で被害や事故があれば各個人が費用を負担するし、共用部分での事故であれば管理組合が費用を負担するということになります。しかし、この区分は費用負担とは必ずしも連動していないのです。特に、設備の配管は、専有部分と共用部分がつながっているだけに、難しい面があります。

■ 専有部分か共用部分かについて4つの概念区分がある

そこで、私の方は誤解を少なくしようという趣旨で管理規約の別表として「専有」と「共用」の領域概念表を作成したことがあります。これは、『マンション管理法入門』（信山社、1998年）という私の本の42〜43

頁に具体的に紹介されています。つまり、区分所有法では、専有部分か共用部分かの区分について、①「所有上の区分」しか書いてないんですが、実はこれ以外にも、②「使用上の区分」、③「費用負担上の区分」、④「管理上の区分」があるわけなのです。

「使用上の区分」というのは、当該部分は個人が使用してよいのか、それとも全員の共用部分として使用すべき部分かということです。「費用負担上の区分」というのは、例えば窓ガラスが割れた場合は、その費用は個人が負担するのか、それとも管理組合が負担するのかということです。「管理上の区分」というのは、個人が管理するのか、それとも管理組合が管理するのかということです。実はこのように4つの概念区分があるわけなのです。この4つの区分による専有部分と共用部分の範囲が全て同じであるならいいのですが、実は微妙にずれています。そのずれが、マンション居住者には分からないのです。フロントマンの方でも説明に苦労するし、お客さんの方にもなかなか理解してもらえないのです。

■ 住戸の窓ガラスが割れた場合の費用負担者は誰か

どういうことかというと、例えば窓枠とか窓ガラスは、標準管理規約では共用部分になっています。つまり、標準管理規約では「窓枠及び窓ガラスは、専有部分に含まれないものとする」と規定しています。管理規約によっては、もっとていねいに「外気に面する」窓枠及び窓ガラスと規定している例もあります。そこで、例えばある住戸の窓ガラスが割れた場合は、管理規約では窓ガラスは共用部分になっているので、取り替え費用は管理組合が全額負担してくれるのですか、ということを質問してくる居住者もいます。ひどいのは、自分の子供が悪戯で割った場合でも、窓ガラスは共用部分だから管理組合が費用負担するんでしょ、と言う方もいます。しかし、そうではない、ということです。この「区分

表」を見ると、窓ガラスは所有上は共用部分になっていますが、使用できるのはその住戸の区分所有者であり、管理責任もあるわけです。このようなことから、窓ガラスが割れた場合の費用負担は、その住戸の区分所有者が負うことになります。

■ 玄関扉の表側に傷がついて補修する場合の費用負担者は誰か

ややこしいのは、各住戸の玄関扉の扱いです。標準管理規約では「玄関扉は、錠及び内部塗装部分を専有部分とする」となっています。ということは、この反対解釈で、玄関扉の表側は共用部分になります。この場合、玄関扉の表側に傷がついて補修をする場合、その費用は誰が負担することになるでしょうか。玄関扉の表側は共用部分だから、管理組合の費用負担で直すことになるのでしょうか。これは、原則として、個人の費用負担になると思います。その場合に個人の費用負担で補修するのだから、好きな仕様や色の玄関扉にできるかというと、これは違います。この部分は共用部分扱いですので、管理組合による規制がかかってきます。つまり、マンション全体の美観上の統一により資産価値を維持するために玄関扉を共用部分扱いにしているだけなのです。そして、この区分は費用の負担とは必ずしも連動しないのです。このように玄関扉の表側は共用部分で、錠及び内部塗装部分は専有部分であるという一応の区分はありますが、マンション全体の大規模修繕工事のときに、管理組合が窓口となって各住戸玄関扉の表側及び内側の塗装も一括して行う場合があります。これは、管理組合が総会決議で決めて実施すれば有効です。

■ 玄関扉の表側を共用部分にした理由（美観上の統一）

玄関扉の扱いが表側と内側とで異なるのはややこしい。玄関扉は専ら各住戸の区分所有者が専用で使用する部分だから、表側と内側に関係なく「玄関扉は、専有部分である。」と規定した方がシンプルでいいじゃ

ないかという意見もあるかと思います。しかし、先程も言いましたように、全て専有部分にしてしまうと、個人の所有なので、どんな色のペンキを塗ろうと勝手じゃないかと、玄関扉の表側に赤、黄色等まちまちの色を塗られてしまうと美観上の統一がなくなり、マンションの資産価値が下がるということもあって、玄関扉の表側は共用部分扱いにしているわけなのです。

■ フランスのマンション管理規約ではどうか

　ちなみに、フランスのマンション管理規約では、玄関扉、窓及び窓扉、錠戸、窓の手すり、個別のバルコニーを一括して専有部分としています。これらは、外部に接し、または外観を決定する要素であるから共用部分としてその変更を許さないというのが我国の規約慣行例ですが、フランスでは、変更については専有部分であるか否かを問わず別の規則によって規制する、という方法をとっています（㈶日本住宅総合センター『諸外国の管理制度について』(1983年)、稲本洋之助教授執筆部分「フランスの区分所有法」34頁参照）。

　　(注)　「専有」と「共用」の領域概念表（使用上、費用負担上及び管理上の区分表）
　　　　『マンション管理法入門』（信山社、1998年）42頁

[セミナー第1部] マンション管理法の基礎知識

区分	専有部分	共用部分			
	明確な部分	混同されやすい部分			明確な部分
		不明確部分			
		極めて不明確			
	イ	ロ	ハ	ニ	ホ
対象部分注(1)	・住戸内(躯体の内側)の内装 ・メーター以降の配管、配線 ・共用管までの排水管 ・共用ダクトまのダクト	・建物金具 ・窓枠、窓ガラス ・玄関扉内側塗装 ・網戸 ・サッシ	・住戸内自火法感知器 ・同発信機 ・玄関ドアチェック	・バルコニー、ルーフバルコニー注(2) ・玄関扉 ・住戸内防火戸 ・集合郵便受ネームプレート	・構造躯体 ・建物内、外装(住戸内を除く) ・住棟内共用設備(住戸内の共用竪管共) ・屋外設備 ・外構、共用施設 ・附属建物
使用上	専用				共用
費用負担上	各戸				管理組合
管理上	各戸				管理組合
所有上	区分所有	共有			

注 (1) 対象部分の表示は例示的であり、制限的ではない。
 (2) バルコニー、ルーフ・バルコニー等の専用使用権の目的部分の通常の使用によって生ずる費用は専用使用者が負担するが、それを越える計画修繕などは管理組合がその負担で行う。

13 「賃借人」はマンション管理上どのような立場にあるのか

* 賃借人の義務及び権利
* 賃借人が管理費を払っている場合はどうか

■「区分所有者」と「賃借人」の違い

「区分所有者」と「賃借人」の違いは分かりますね。区分所有者とい

うのマンションの持主のことであり、賃借人というのは部屋を借りている方です。区分所有者のことをオーナーとも言ったりします。通常の住居専用マンションでは、区分所有者本人が住んでいる場合が多いと思います。

■ コスモスマンションの具体例では

具体例で説明しましょう。Aさんはコスモスマンション201号室の区分所有者ですが、東京へ転勤になったとします。その間誰も住まないのはもったいないし、少しでも家賃収入を得ようとBさんへ201号室を貸したとします。そうすると、マンションに住んでいるのはBさんで、Bさんを賃借人といいます。Aさんはマンションには住んでいないんですが、コスモスマンションの区分所有者であることに変りはないですね。マンションの外に住んでいる区分所有者ということで、Aさんのことを外部オーナーと言ったりもします。マンションでは年1回定期総会をやりますが、総会開催の案内とか重要なお知らせは、東京に住んでいる外部オーナーのAさんに忘れずに必ず出さなければなりません。実際にマンションに住んでいるのはBさんですが、Bさんは賃借人であり管理組合の構成員ではないので、総会開催の案内をBさんへ出す必要はありません。総会に出席できるのも賃借人のBさんではなくて、Aさんです。もちろんBさんがAさんから総会出席の委任を受けた場合は、賃借人のBさんもAさんの代理として出席できます。このように区分所有者と賃借人の一応の区分はできますが、マンションでは居住のルールやマナーの徹底等の居住者全員にかかわる内容も多く、配付文書は区分所有者とか賃借人の区別なく全員に配っているのがほとんどだと思います。

■ 賃借人がマンションの管理費等を支払っている場合は

次に、区分所有者と賃借人との関係で気をつけなければならないこと

をお話します。実務上はマンションの管理費等を賃借人のBさんが支払っている場合もたまにあります。これは、区分所有者のAさんと賃借人のBさんとの賃貸借契約の中で、当該住戸を貸すにあたって、マンションの管理費等の支払いが、たまたま賃借人のBさんになっているというだけの話なのです。本来の管理費等の負担義務者は、区分所有者であるAさんですが、実務上は管理組合としては誰が払おうがきちんと払ってもらえればいいんで、特に賃借人のBさんからの支払いを拒む理由はないですね。気をつけなければならないのは、万一未収になった場合に支払いを催促する相手は、今まで支払っていた賃借人のBさんではなくて、区分所有者のAさんであるということです。今までBさんがずっと管理費等を払ってくれていたからということでBさんに請求書を出し続けたとしても法的には請求したことになりませんので、この点は気をつけて下さい。

14　管理費、修繕積立金、修繕積立一時金について

■ 管理費とは

　管理費というのは、日常の維持管理で必要となるお金のことです。

■ 修繕積立金とは

　修繕積立金というのは、正にこの言葉のとおり日常の維持管理ではなくて、将来の大規模な改修工事をやるために必要なお金をあらかじめ積み立てておきましょうという趣旨で集めているお金のことです。

■「一般会計」と「修繕積立金会計」の区分

　このように集める意味が違いますので、会計も明確に区分しており、管理費の会計を「一般会計」とし、修繕積立金の会計を「修繕積立金会計」としております。一般会計は、日常の維持管理で必要な経費の支払

いが日常的に発生しますが、修繕積立金会計は、普段は一切支出しないように厳格な扱いをしており、総会で承認されてはじめて支出できるような性格のお金です。このように会計区分を明確に分けておりますので、例えば、一般会計の日常運転資金の部で赤字になったので、修繕積立金を取り崩して補塡しましょうというやり方はできるだけしない方がいいわけです。むしろ、やらない方がいいわけです。修繕積立金の取り崩しを安易に認めてしまうと、「一般会計」と「修繕積立金会計」の区分が無くなってどんぶり勘定になってしまいますので、せっかく会計区分を分けた意味がありません。一般会計で赤字になる場合は支出の見直しを行い、経費削減に努め、それでも不足する場合は、管理費の見直しが必要となってきます。

■ 修繕積立一時金とは

　修繕積立一時金は、修繕積立基金とも言ったりします。これは、実務上ほとんどのマンション分譲業者がやっているやり方ですが、入居に際して、最初の1回だけ数十万円を一括して払ってもらっているものです。修繕積立金は、まだまだ低いのが現状でして、できれば最初から7,000円～8,000円/戸あった方がいいんです。しかし、これでは将来の住宅ローン返済等を考えると負担が大きいだろうと、この負担を少しでも軽減しようということから始められたのが、この修繕積立一時金の制度です。マンション購入者は数千万円のお金を払ってマンションを購入するわけですが、マンション購入に際して、最初の1回だけ例えば30万～40万円程の修繕積立一時金を徴収してもそんなに負担にはならないだろう。将来必ず負担しなければならない費用であるならば、最初の段階で一括である程度払ってもらった方が、後の修繕積立金の負担が少なくて済むだろうということで、始められた制度なんです。要は、修繕積立金があまり高めにならないように実務上やっているのが、修繕積立一

時金の制度であるわけです。このように、「管理費」、「修繕積立金」、「修繕積立一時金」の3つがありますが、毎月徴収するのは管理費と修繕積立金です。駐車場を借りている場合は、その他に駐車場使用料の支払いも発生します。

■ 管理費等といっしょに町会費も口座振替する場合がある

　実務上やっている例では、管理費等の徴収にあわせて町会費もいっしょに口座振替している場合があります。これは、以前にも説明したように管理組合と町内会は別組織であり、明確に区分されていますが、マンション建設にあたって近隣との協定の中でマンション入居者は全員が町内会へ加入しなければならないという場合もあります。このようなケースでは、管理費等の口座振替のときに町内会費もあわせて口座振替しています。なぜこのようなやり方をしているかというと、町内会の会計担当となった方が毎月マンションの各住戸を訪問して町内会費を集めるのも大変だし、実際はできないだろうということで、管理費等といっしょに口座振替しているわけなんです。

15　区分所有法8条特定承継人の責任

■ 未収金が発生したまま第三者に売却した場合は

　このようにマンションの維持管理のために必要な管理費等ですが、区分所有者が管理費等を滞納したまま、自己の住戸を第三者に売却して転出してしまった場合はどうなるでしょうか。ここで関わってくるのが、区分所有法8条です。

　区分所有法8条では管理組合が有する管理費等の債権は、「債務者たる区分所有者の特定承継人に対しても行うことができる」と規定されています。また、標準管理規約25条でも区分所有法と同様な規定を確認的な意味で置いています。つまり、「管理組合が管理費等について有す

る債権は、区分所有者の包括承継人及び特定承継人に対しても行うことができる。」と規定しています。区分所有法8条と標準管理規約25条を比較すると、区分所有法には包括承継人のことは書かれていませんが、これは相続人のように前主（前区分所有者）の財産法上の地位を全て引継ぐ者ですので、法律上は新区分所有者も前区分所有者と同視され、当然に管理費等の負担義務は承継されるという考え方のもとに書いていないだけなのです。標準管理規約では、より理解しやすいように包括承継人も明示したということです。

■ 包括承継人と特定承継人

　ここで包括承継人と特定承継人の用語を詳しく解説しておきましょう。他人の権利義務を一括して承継することを包括承継（一般承継ともいう。）といい、承継する者を包括承継人といいます。相続により被相続人の権利義務を承継する相続人がその例です。一方、他人の権利義務を個々的に取得することを特定承継といい、承継する者を特定承継人といいます。売買、交換、贈与などによる普通の権利の承継は、みな特定承継で、売買契約の買主（譲受人）などが特定承継人の例です。抵当権の実行（裁判所による競売）により所有権を取得する買受人（競落人）も、ここでいう特定承継人に該当します。

■ コスモスマンションの具体例では

　具体例で説明しましょう。コスモスマンション201号室の区分所有者がAさんとすると、区分所有者である限りAさんには管理費等の支払い義務があります。ところが、支払いが滞り未収金が発生し、Aさんの未収金が30万円であるとします。その状態でAさんがBさんへ201号室を売ったとします。新しい区分所有者はBさんになります。それでは、管理組合は未収金の30万円を誰に請求できるかという場面で出てくる

のが、区分所有法8条特定承継人の問題です。この場合、管理組合としては、旧区分所有者のAさんにも、新区分所有者のBさんにも未収金30万円を請求することができます。この請求できるという意味はAさんから30万円Bさんからも30万円、合計60万円を請求できるということではないのです。両方に請求して、どちらかから回収できればよいという意味なのです。

■ 未収金の有無は宅建業者が「重要事項説明書」で説明すべき事項である

　実務上の話をすると、Aさんが部屋を売る場合は、通常は個人間の直接の売買契約というのは少なくて、間に仲介業者として専門の不動産業者が入る場合がほとんどだと思います。そして、不動産業者はほとんどが宅建業者に該当します。このように業者へ売買を依頼したAさんに管理費等の未収金がある場合は、業者は宅建業者として「重要事項説明書」の中で、取引の相手方に未収金がいくらあるかを説明しなければならないことになっています。この説明をしないということは、宅建業法違反ということになります。したがって、Aさんの201号室が3,000万円だとすると、未収金の30万円をこの売買代金から引いて精算したうえでBさんへ売ることになります。このように、もし未収金があったとしてもAさんBさんの当事者間で精算してもらえばいいのです。もし、BさんがAさんの未収があることを知らなかったとしても、Bさんは管理組合に対して、「知らなかった。」または「仲介業者から説明を受けなかった。」等の理由で支払いを拒むことはできません。

　　（注）　マンションに関して説明すべき「重要事項の説明」の具体的内容
　　　マンションについては、敷地の権利関係や管理について紛争が非常に多く発生したため、宅建業法は次の事項について説明しなければならないものとしている（施行規則16条の2）。

1号　当該建物を所有するための1棟の建物の敷地に関する権利の種類および内容

2号　建物の区分所有等に関する法律2条4項に規定する共用部分に関する規約の定め（その案を含む。）があるときは、その内容

3号　区分所有法2条3項に規定する専有部分の用途その他の利用の制限に関する規約の定めがあるときは、その内容

4号　当該1棟の建物またはその敷地の1部を特定の者のみに使用を許す旨の規約（これに類するものを含む。）の定め（その案を含む。）があるときは、その内容

5号　当該一棟の建物の計画的な維持修繕のための費用の積立てを行う旨の規約（これに類するものを含む。）の定め（その案を含む。）があるときは、その内容およびすでに積み立てられている額

6号　当該建物の所有者が負担しなければならない通常の管理費用の額

7号　当該1棟の建物およびその敷地の管理が委託されているときは、その委託を受けている者の氏名（法人にあっては、その商号または名称）および住所（法人にあっては、その主たる事務所の所在地）

以下、各号について関連する「通達」（建設省計画局不動産業課長通達）が出されているので紹介する。

---

① 1号　当該建物を所有するための一棟の建物の敷地に関する権利の種類および内容

通達　「敷地」総面積として実測面積、登記簿上の面積、建築確認の対象とされた面積を記載すること。やむを得ない事由により、これらのうちのいずれかが判明しない場合には、その旨を記載すれば足りる。中古物件の代理、媒介の場合には、実測面積、建築確認の対象とされた面識が判明している場合のほかは、登記簿面積を記載すれば足りる。

　「権利の種類」　所有権、地上権、賃借権等に区別して記載すること。

> 「権利の内容」　所有権の場合は、対象面積を記載すれば足りる。地上権、賃借権等の場合は、対象面積、存続期間および区分所有者の負担する地代・賃借料等を記載すること（55年通達）。

> ②　2号　建物の区分所有等に関する法律第2条4項に規定する共用部分に関する規約の定め（その案を含む。）があるときは、その内容
>
> 通達　「共用部分に関する規約の定め」にはいわゆる規約共用部分に関する規約の定めのほか、いわゆる法定共用部分であっても規約で確認的に共用部分とする旨の定めがあるときはその定めを含む。
> 　「(その案を含む。)」としたのは新規分譲等の場合には、買主に提示されるものが規約の案であることを考慮したものである。
> 　規約が長文にわたる場合には、その要点を記載すれば足りる（55年通達）。

> ③　3号　区分所有法第2条3項に規定する専有部分の用途その他の利用の制限に関する規約の定めがあるときは、その内容
>
> 通達　専有部分の利用制限に関する規約（規則第16条の2第3項）
> 　区分所有建物を契約の目的物とする場合の説明事項については、新たに「専有部分の用途その他の利用の制限に関する規約の定め」を追加することとした。これには、例えば、居住用に限り事業用としての利用の禁止、フローリング工事、ペット飼育、ピアノ使用等の禁止又は制限に関する規約上の定めが該当する（平成8年通達）。

④ 4号　当該一棟の建物またはその敷地の一部を特定の者のみに使用を許す旨の規約（これに類するものを含む。）の定め（その案を含む。）があるときは、その内容

通達　いわゆる専用使用権の設定がなされている場合である。

　「内容」駐車場については特に紛争が多発していることにかんがみ、専用使用をなしうる者の範囲、専用使用料の有無、専用使用料を徴収している場合にあってはその帰属先等を記載すること。専用庭、バルコニー等については、その項目を記載し、専用使用料を徴収している場合にあってはその旨およびその帰属先を記載すること（55年通達）。

⑤ 5号　当該一棟の建物の計画的な維持修繕のための費用の積立てを行う旨の規約（これに類するものを含む。）の定め（その案を含む。）があるときは、その内容およびすでに積み立てられている額

通達　いわゆる大規模修繕積立金、計画修繕積立金等の定めに関するものであり、一般の管理費でまかなわれる通常の維持修繕費はその対象とはされない。

　「計画的な維持修繕」とは、相当な期間をおいて行う維持修繕をいい、通常はおおむね2年ないし3年程度であること。

　「内容」としては、制度の大要を記載すれば足りる。

　「積立て額」は、できる限り直近の数値（直前の決算期における額等）を時点を明示して記載すること（55年通達）。

　規約に定めがある場合には必ず調査を行うこととするとともに、管理会社等に対する調査を行い、当該建物に関し計画修繕積立金等

についての滞納額があるときはその額を告げること（63年通達）。

⑥　6号　当該建物の所有者が負担しなければならない通常の管理費用の額

通達　「通常の管理費用」とは、共用部分に係る共益費等に充当するため区分所有者が月々負担する経常的経費をいい、大規模修繕積立金、計画修繕積立金等に充当される経費は含まれない。

　「通常の管理費用」は、できる限り直近の数値を時点を明示して記載すること（55年通達）。管理会社等に対する調査を行い、管理費用についての滞納等があればその額を告げること（63年通達）。

⑦　7号　当該一棟の建物およびその敷地の管理が委託されているときは、その委託を受けている者の氏名（法人にあっては、その商号または名称）および住所（法人にあっては、その主たる事務所の所在地）

通達　管理の委託先のほか、管理委託契約の主たる内容も合わせて説明するのが望ましい（55年通達）。

　管理を受託している者が、「中高層分譲共同住宅管理業者登録規定（昭和60年建設省告示第1115号）」第2条の登録を受けている者である場合には、重要事項説明書に氏名と併せてその者の登録番号を記載し、その旨説明すること（63年通達）。

■「駐車場使用料」の未収は請求できるか

　細い話をすると、今まで説明してきた管理費等というのは、「管理費」

と「修繕積立金」なのです。「駐車場使用料」はどうでしょうか。Ａさんが駐車場使用料も支払わないままでＢさんへ売買した場合はどうなるでしょうか。これも管理費や修繕積立金と同様にＢさんへ請求できるでしょうか。これは、無理ではないかという見解があります。どうしてかというと、駐車場はたまたま管理組合とＡさんとの賃貸借契約に基づいてＡさんが使っていたということであり、これは管理組合とＡさんとの契約なのです。新しく区分所有者となったＢさんは、この契約とは一切関係ありません。一応は、このように言えるのですが、実務上は新しく区分所有者となったＢさんへ駐車場使用料も含めて請求しています。また、裁判所へ配当要求をする場合も駐車場使用料も含めて請求しています。駐車場使用料は、請求できないと明確に判断した判例もないようですし、管理組合の方としては未収金として駐車場使用料も含めて全額請求していくんだという姿勢で臨んだ方がよいと思います。

■「水道使用料」の未収は請求できるか

　それでは、「水道使用料」はどうでしょうか。水道については、ほとんどが各戸検針で水道局が直接使用料を徴収していると思いますが、自治体によっては、「親メーター方式」のところもあります。親メーター方式の場合は、水道局からは、親メーターの使用量に基づいて請求がきますので、管理組合はその請求金額を先に支払った後で、各戸検針の使用量に基づいて各戸へ使用料を請求しています。この場合管理組合の方は、水道使用料を一旦立替払いしているということになります。しかし、その後各戸請求の段階で支払ってくれない方がいる場合に水道使用料の未収の問題がでてきます。親メーター方式による水道使用料の未収請求についても駐車場使用料と同様な問題があります。

16 集会（総会）の決議要件はどのようになっているか

■ 集会（総会）における「組合員数」及び「議決権数」の数え方

［事例１］ 50戸のマンション。Aさんだけが3部屋所有で、他は1部屋ずつ所有。1住戸1議決権とします。

（組合員数の数え方）本問では〜　頭数　47＋1（Aさん）＝48人

議決権　47＋3（Aさん）＝50個

この場合の「普通決議」、「特別決議」の数え方は次頁［事例１］のようになります。

［事例２］ 20戸の等価交換方式によるマンション。元地権者Bが8部屋所有で、他は1部屋ずつ所有。1住戸1議決権とします。

（組合員数の数え方）本問では〜　頭数　12＋1（Bさん）＝13人

議決権　12＋8（Bさん）＝20個

この場合の「普通決議」の数え方は、次頁［事例２］①のようになります。

しかし、本問では、規約変更等の「特別決議」を行う場合に問題が出てきます。

「特別決議」を行う場合、元地権者Bさんが反対しても、「頭数」では10人を越えているのでクリアーできますが、「議決権」ではBさん以外の全員を合計しても12個にしかなりませんので、15個の要件を満たしていないことになります。したがって、特別決議を行う場合にはBさん1人が反対すれば、全て不成立となってしまします（［事例２］②参照）。

本問のような事例は、元地権者に有利な管理規約の多い等価交換方式のマンションにおいて度々見られます。不合理な管理規約を変更しようと思っても、現在の区分所有法のもとでは、どうしようもない面があります。なお、フランスの区分所有法では、区分所有者の議決権は、共用

[セミナー第1部] マンション管理法の基礎知識

[事例1]

①普通決議要件	区分所有法	全区分所有者及び全議決権の各過半数で決する。 （区分所有法39条1項） 頭数25/48＋議決権26/50
	標準管理規約	出席区分所有者の議決権の過半数で決する。 （標準管理規約45条2項） 総会成立要件26/50⇒議決権14/26
②特別決議要件	区分所有法	全区分所有者及び全議決権の3/4以上で決する。 （建替え決議は4/5以上） 頭数36/48＋議決権38/50
	標準管理規約	特別決議については規約で別段の定めができないので区分所有法による。

[事例2] ①

①普通決議要件	区分所有法	全区分所有者及び全議決権の各過半数で決する。 （区分所有法39条1項） 頭数7/13＋議決権11/20
	標準管理規約	出席区分所有者の議決権の過半数で決する。 （標準管理規約45条2項） 総会成立要件11/20⇒議決権6/11

[事例2] ②

②特別決議要件	区分所有法	全区分所有者及び全議決権の3/4以上で決する。 （建替え決議は4/5以上） 頭数10/13＋議決権15/20
	標準管理規約	特別決議については規約で別段の定めができないので区分所有法による。

部分持分に相応しますが、ある区分所有者が共用部分の2分の1を越える持分を保有する場合には、例外が定められており、その者の議決権数は他の区分所有者の議決権数の総和に縮減されるとなっているようです。単独の区分所有者による独裁的管理を防止するためである、と説明され

ています。

17　マンションの損害保険について

　これは、共用部分の損害保険をどう掛けるかという話です。専有部分は個人の持ち物なので、専有部分については各人の責任と費用負担で掛けてもらうことになります。実務上は、住宅金融公庫等のローンを設定すると、強制的に保険を掛けなければならないことになっていますが。

■ 火災保険は「上塗基準」及び「共用部分一括付保方式」で掛ける

　まず、中心となるのは、「火災保険」です。専有部分と共用部分の範囲については、建物の軀体部分も含めてできるだけ共用部分を広く考える「上塗基準」でやっています。そして、「共用部分一括付保方式」というやり方で、管理組合が窓口となって一括して保険を掛けていますね。これは当たり前のように思うかもしれませんが、昔はそうではなかったのです。共用部分は各自の持分に応じて各自が付保するというやり方をしていたことがありました。これは、「個別付保方式」といいます。しかし、このやり方ですと、共用部分の持分に保険を掛ける人と掛けない人がいたりして、バラバラだったのです。これでは、万一火災事故が発生した場合、共用部分に保険の掛かっていない部分がありますので、補修費用分の保険金が下りないケースがあります。昭和50年11月に八王子の高層マンションでガス爆発による火災事故が発生したのですが、個別付保方式で契約していたために、支払保険金が復旧費用に大幅に不足したのです。損保業界としては、この事故が教訓となって、共用部分一括付保方式が共用部分の復旧にとって望ましい付保方式であるとして、統一的にこれを推奨することになったのです。

■ 施設所有者・管理者賠償責任保険とは

　マンションでは火災だけではなくて、維持管理が悪ければ、建物にクラックが入ってコンクリート片が落ち、通行人を怪我させるというリスクも考えられます。外壁等は管理組合が管理する部分ですので、このようなリスクに備えて、「施設所有者・管理者賠償責任保険」（略して、施設賠といったりします）に入る必要があります。施設賠は、共用部分に起因しておこる事故に対して、管理組合が責任を負う場合に補償する保険です。また、ほとんどのマンションにはエレベーターが付いていますが、エレベーターの欠陥で管理組合が賠償責任を負う場合にその損害を賠償する保険として、昇降機賠償責任保険があり、これも管理組合として必ず付保すべき保険です。場合によっては、施設賠保険の中の特約事項として、昇降機賠償責任保険が付保されることもあります。

■ 個人賠償責任保険とは

　管理組合が共用部分に掛ける保険は、以上の①火災保険と②施設賠だけでいいんですが、実務上はこれに加えて、③個人賠償責任保険（略して、個人賠といったりします）も掛けています。施設賠は、共用部分の施設が原因で他人に怪我をさせて管理組合が賠償責任を負う場合に備える保険ですが、個人賠は、本来はこの言葉通り、個人の責任において付保してもらう保険です。しかし、実務上は、管理組合が窓口となって、一括して個人賠を付保しているケースが多いと思います。

■ 個人賠の補償内容は

　この個人賠はどのようなリスクを想定しているかというと、例えば201号室のAさんの不注意で洗濯機排水のホースがはずれていて、下の階の101号室へ水漏れ事故を起こし、Bさん宅のじゅうたんや壁のクロスを汚してしまったとします。その場合、AさんはBさんに与えた損害

に対して賠償責任を負うことになりますが、このようなリスクに備えて付保する保険です。マンションでは、残念ながらこのような漏水事故が時々発生するのです。あるいは、バルコニーから物干し竿を落として、他人に怪我をさせた場合もこの保険で補償されます。

■ 個人賠を管理組合が窓口となって付保する理由は

本来は、個人賠は個人の責任と負担において掛けてもらうべき保険なのです。しかし、そうやってしまうと各区分所有者の保険会社や取り扱い代理店がバラバラになってしまいます。そうなると、個人賠に入っていたとしても、事故が起こった場合にどこの保険会社が窓口か調べたりする等の対応に時間がかかってしまい、迅速な対応ができない恐れがあります。そこで、実務上は管理組合が窓口となって一括して個人賠を付保しているのです。この場合は、団体でまとめて掛けているので保険料が若干安くなるという面もあるかもしれませんが、対応する保険会社の窓口が一本化されていますので、万一漏水事故が発生した場合でも、迅速な対応ができることになります。

■ 個人賠で注意すべきこと

この個人賠で注意しなければいけないのは、この個人賠というのは、あくまでも他人への賠償責任の費用を補償する保険であるということです。例えば、先程の201号室のAさんが下の階の101号室へ水漏れ事故を起こし、Bさん宅のじゅうたんや壁のクロスを汚してしまったとします。そのときに、201号室のAさんの部屋でもじゅうたんや床のフローリングがダメになったとします。この場合、個人賠として保険金が支払われるのは、101号室の損害に対してだけであり、被害を発生させた201号室のAさんのじゅうたんや床のフローリングの被害に対しては、保険金は支払われないのです。これは、別な保険で付保するしかないの

■ 保険金は部分補修の費用しか支払われない

　また、101号室のBさんへ支払われる保険金も評価額の100％になるとは限らないのですね。壁のクロスが汚れたので、その部屋の壁のクロス全部を貼り替えろと言っても、それは無理です。保険金は、部分補修の費用しか見てくれません。

■「ガラス保険」と「機械保険」について

　その他、管理組合が付保する保険としては、「ガラス保険」と「機械保険」があります。ガラス保険は、エントランスホールのガラスなど、指定する共用部分のガラスが偶然の事故によって破損した場合に、その修理費用を補償する保険です。機械保険は、機械式駐車場等の機械設備に偶然の事故が発生し、それによって被った損害を補償する保険です。

■ 積立マンション保険とは

　最後に、積立マンション保険について説明しましょう。よく誤解されるんですが、積立マンション保険は、「積立」といっても支払った保険料が100％積み立てられるということではないんです。積立マンション保険は、「資産の部」と「掛捨ての部」から構成されており、掛捨ての部については、例えば期間5年の積立マンション保険であれば、5年間で均等に会計上掛捨て処理していくことになります。銀行にお金を預けていても利子に課税されますが、積立マンション保険については現在までのところ（税制が変更されたら別ですが）、満期返戻金及び配当金には一切課税されないというメリットがあります。また、何よりも、リスクに備えて必ず掛けなければならない保険であるならば、通常の掛捨て保険では支払い保険料が毎年掛捨てとなってしまいますが、積立マンショ

ン保険では掛捨てにならないで積み立てられ（もちろん積立マンション保険も掛捨て分を含んでいますが）、将来の大規模改修工事の準備になるというメリットがあります。

（注）　保険の用語の説明　ここで、注意すべき保険の用語について解説しておこう。

「実損てん補（実損払い）」とは、損害が生じたとき、実際の損害額の全額（保険金額限度）を保険として支払うことをいう。

「比例てん補（比例払い）」とは、損害が生じたとき、保険金額が保険を付けていた物の価格に不足している場合に、その不足する割合に応じて保険金を削減して支払うことをいう。通常、火災保険では、保険金額が保険価格（時価）より少ない一部保険（比例てん補）の場合には、損害額につき、保険金額の保険価格に対する割合を乗じた額が保険金として支払われる。

18　瑕疵担保とアフターサービス、住宅品質確保促進法

* 売買契約（民法555条）→瑕疵担保（民法570条⇒566条）→宅建業法（40条）
* 請負契約（民法632条）→瑕疵修補（民法634条〜638条）→民間（旧四会）連合協定工事請負契約約款（27条）
* 住宅品質確保促進法、瑕疵担保責任の特例（87条〜90条）

■ マンション居住者は瑕疵担保とアフターサービスを正確には理解していない

　瑕疵担保とアフター・サービスの話は、我々管理会社のフロントマンにとっても非常に重要ですので、正確な理解が必要です。最近では、住宅品質確保促進法ができて瑕疵担保の期間が10年間になったといわれています。以前にできた法律ではPL法（製造物責任法）というのもあり

ます。マンション分譲主がかかわる業法には宅建業法というのもあります。これだけいろいろと、法律や規定があったりすると、一般のマンションの区分所有者は、これらの法律や規定がどのような関係にあるのか、ほとんどの方が正確には理解できていないと思います。一番困るのは、中途半端に理解している方です。

■ マスコミ報道にも問題がある

　最近ではNHKがマンションの瑕疵問題を取り上げています。別にマンション分譲主をかばうつもりはありませんが、必ずしも正確ではない解説がされたりします。私はテレビの放送を100％信用しているわけではなくて、このような物の見方もあるという意味で参考にする程度です。何もテレビで放送していることが大多数の意見であり、正しいというわけではありません。視聴率を上げるためには、当たり前のことは取り上げないで、例外や異常な例を紹介する傾向は否めないと思います。ただし、NHKの放送はかなり影響力がありますので、理事会役員でもないのに先程のマンション瑕疵問題の放送をビデオにとって、勝手にマンション住民全員に回覧するような、異常反応する方もいるんです。

　ここで誤解のないように言いますと、私はNHKに恨みを持っているわけではなくて、マスコミの報道の仕方については、注意する必要があるということです。好きな番組もありまして、「プロジェクトX、挑戦者たち」は、気に入っています。ちょっと泣かせるような過剰な演出が気にはなりますが、そのなかで中島みゆきが歌う「地上の星」、「ヘッドライト・テールライト」というテーマ曲が好きです（ますます脱線してきたので、このへんで止める）。

　横道にそれましたが、このようにマンション住民がよく誤解する部分ですので、フロントマンとしては内容を正確に理解して、適確にアドヴァイスする必要があります。

◾ 瑕疵担保とは

　瑕疵担保というのは、民法570条に基づく規定で、売買の目的物に隠れた瑕疵があった場合に、売主はその瑕疵の損害賠償や契約解除の責任を負わなければならないと定められています。民法570条（566条が準用されている）で買主が請求できる内容は、①損害賠償と②契約の解除しか規定されていませんが、実務上は契約の中で③修補（修理）請求もできるようになっています。

◾ 瑕疵とは

　瑕疵というのは、売買の目的物が契約に定められた内容や社会通念上必要とされる性能を欠いていること、ですがこれでは抽象的すぎて分かりません。この瑕疵であるかどうかの主張立証責任は、瑕疵だと主張している方（管理組合）にあります。ここで重要なのが「瑕疵」であるかどうかという判断ですが、裁判で争う場合でもその立証は非常に難しい面があります。

◾ アフターサービスとは

　そこで、一定の欠陥であれば、法律上の瑕疵であるかどうかに関係なく無償で補修しましょうという制度があります。これを「アフター・サービス」といいます。つまり、売買契約で定めた期間内に発生した欠陥または瑕疵については、アフター・サービス規準で各部位ごとに保証している範囲内で無償で補修しましょうという制度です。

　もっと詳しく、「アフター・サービス規準」の説明をしましょう。マンションディベロッパーの業界団体に㈳日本高層住宅協会というところがあります。そこから、平成12年3月に「アフター・サービス規準」に関する小冊子が出ており、アフター・サービスのことを分かりやすく解説していますので、これを使って説明します。この小冊子の「はしが

き」にアフター・サービス規準改正の経緯が書かれています。これのポイントを私の方で分かりやすく表にしたのが、下表になります。

■「アフターサービス規準」改正の内容

	S48.6 (1973年)	S52.4 (1977年)	H5.3 (1993年)	H12.4 (2000年)
屋上防水	2年	5年	10年	10年
外壁防水	2年	3年	7年	10年
その他	1年又は2年	1年又は2年	1年又は2年	2年 (植栽は1年)

■ 見るポイントは「屋上防水」と「外壁防水」の保証期間

　これを見るポイントは、ほとんどの建物部位については保証期間が1年または2年となっていますが、①屋上防水と②外壁防水の保証期間がどのように変ってきたかをチェックすることです。もちろん、長期保証部位には他に「浴室防水」、「給排水管」もあります。

　この表を見れば分かるように、昭和48年当時は、屋上防水・外壁防水とも2年の保証期間しかなかった。その後昭和52年に見直しが行われて、屋上防水が2年から5年に、外壁防水が2年から3年に延びました。平成5年には再度見直しがされて、屋上防水が5年から10年に、外壁防水が3年から7年に延びました。そして最近では、平成12年に改正が行なわれて、外壁防水が7年から10年に延びました。但し、屋上防水は平成5年の10年のままです。

　ここで、誤解のないように説明すると、このアフターサービスの各保証期間は、業界が独自に設定しているものであり、法律や通達ではありません。これは売主が任意に負う売買契約上の責任ですので、その内容や保証期間は売主によって異なります。しかし、少なくとも㈳日本高層

住宅協会の会員であれば、このアフター・サービス規準を指針として作成して欲しいというものです。

■ 平成12年にアフター・サービス規準が改正されたのは住宅品質確保促進法の影響がある

ところで、平成11年6月に「住宅の品質確保の促進等に関する法律」（以下、住宅品質確保促進法と略称する）が成立し、住宅の基本構造部分である①「構造耐力上主要な部分」および②「雨水の浸入を防止する部分」についての瑕疵担保責任期間が10年とされ、平成12年4月1日から施行されております。平成12年にアフターサービス規準の改正が行われ、外壁防水が7年から10年に延びたのは、この法律に合わせて見直しを行ったためです。また、平成12年版アフターサービス規準では、今まで建物の部位によって保証期間が1年または2年とバラバラだったのをまとめ、これまでサービス期間1年としていた部分について、植栽を除き原則2年とし、期間の延長を図っております。

■ 欠陥マンションも周期的に繰り返し発生する

過去数次にわたり「マンションブーム」というのが、周期的に繰り返し起こっています。しかし、その一方で、建築職人の不足や施工能力不足、オイルショック等の経済状況もあり、欠陥マンションも発生しております。そして、欠陥マンション問題も、周期的に繰り返し起こって、国会で取り上げられたりしました。これは「マンション問題を考える会」等の住民運動になったりもしました。建設省の方でも、マンション業界に対して、数回にわたり業務改善を求めた通達を出しております。欠陥マンションでは、コンクリートの施工内容がどうとかよく言われます。コンクリートに使う骨材によるアルカリ骨材反応の問題、海砂使用の問題、鉄筋の被り厚さの問題等々。マンションに限らず、住宅でも欠

陥住宅の問題は絶えません。最近では、千葉県で起きた「秋田欠陥住宅問題」が話題となりました。住宅品質確保促進法は、最初は「高品質」の住宅供給のことも検討していたんですが、高品質という前に住宅が最低限備えておくべき性能ですら達成されていないということで、欠陥住宅対策が検討され、その内容として、事後の担保として瑕疵担保の強化を加えたという経緯があります（ジュリスト（1999・7・1）1159号10頁住本氏の発言参照）。

■「アフター・サービス規準」が策定された本当の理由は

　マンション分譲業者の方では、「アフター・サービス規準」を策定し、数次にわたりその保証期間の見直しを行ってきておりますが、これは主体的に業界がやったんではなく、どちらかというと過去の欠陥マンション問題に対する業界への追及をかわすためにマンション問題が発生する度に保証期間の見直しを行ってきたという面があることも否定できないと思います。平成5年版「アフター・サービス規準」から屋上防水の保証期間が5年から10年に延びていますが、屋上防水というのは建物として非常に重要な基本的部分です。その重要な部分の保証がそれ以前は5年間だったということ自体おかしいのです。少なくとも建物は雨露を防ぐ場所であるわけですから、そのような基本的な部分は10年保証して当然だと思います。10年保証するということは、10年経ったら11年目にダメになってしまうという意味ではないのです。10年保証という意味は「少なくとも」15年程はもつが、安全を見て10年は保証しましょう、ということだと思います。

■民法570条瑕疵担保条項は任意規定である

　次に、民法570条の瑕疵担保条項を説明します。この民法570条の規定は、強行規定・任意規定の区分からいうと、民法の解釈では任意規定

であるとされています。したがって、絶対にこの通り、瑕疵担保責任を負わなければならないということではないのです。ですから、業者ではなくて個人が住宅を売る場合に、このような瑕疵担保責任は負わないと定めても有効なのです。しかし、業者の場合、マンション分譲業者の場合は通常は宅建業者になりますので、宅建業者の場合は、宅建業法によって規制されており、瑕疵担保責任の免除はできないことになっております。

民法570条瑕疵担保条項の具体的内容

　民法570条では、「売買の目的物に隠れたる瑕疵ありたるときは第566条の規定を準用す」と規定されています。そして、準用される566条では「売買の目的物が地上権、永小作権、地役権、留置権又は質権の目的たる場合に於て買主が之を知らざりしときは、之が為に契約を為したる目的を達すること能わざる場合に限り、買主は契約の解除を為すことを得。其他の場合に於ては損害賠償の請求のみを為すことを得」（1項）と規定しています。そして、「契約の解除又は損害賠償の請求は買主が事実を知りたる時より1年内に之を為すことを要す」（3項）と規定されています。

　この条文だけではなかなか分かりづらいと思います。民法570条で規定する瑕疵担保責任の要件として、①瑕疵があること（瑕疵は契約締結時に存在すること［原始的一部不能］。通説）②瑕疵が「隠れた」ものであること、③売買の目的物は特定物に限る（通説）が必要とされています。そして、566条から570条へ準用されるのは次の3点になります。①損害賠償の請求ができること、②瑕疵のために契約をした目的を達成できない場合に限って契約の解除ができること、③契約の解除や損害賠償の請求は、買主が事実を知った時から1年内にしなければならないことです。

(注) 瑕疵担保責任とアフターサービスの比較

	瑕疵担保責任	アフターサービス
根　　拠	民法566条、570条	売買契約に基づいて負う売主の任意の責任（債務）
対象範囲	隠れた瑕疵にかぎる。	一定の欠陥で、隠れた瑕疵にかぎらない。
責任の内容	損害賠償 契約の解除	瑕疵または欠陥の補修
帰責事由	売主が無過失の場合も適用される。	売買契約の定めによる。 （天災等の不可抗力、使用ミス等、補修責任を売主に帰しえない場合は除く。）
原因の発生時期	契約当時に存在していた隠れた瑕疵	売買契約で定めた期間内に発生した欠陥または瑕疵。
期間と その起算日	買主が瑕疵を知ったときから1年（民法566条、570条）。ただし、売主が宅地建物取引業者である場合は特約により、目的物引渡しの日から2年以上の期間とすることができる（宅地建物取引業法40条）。	部位や欠陥の種類により期間と起算日が異なる。 ［期　間］1年間～10年間 ［起算日］①屋上・外壁等の雨漏り、内外壁・基礎等構造耐力上主要な部分の亀裂・毀損については、建設会社から分譲会社に建物が引き渡された日。②共用部分については、最初に使用を開始した日。③その他の部分はその物件の引渡しの日。

■ 民法566条3項の1年間は時効期間か除斥期間か

　少し難しい話をすると、この1年間というのは「消滅時効期間」ではなくて、「除斥期間」であるというのが判例の見解です。除斥期間というのは、その期間内に権利行使をしないと、その後は一切権利行使ができなくなる期間のことです。この期間内に権利関係を確定することが除

斥期間の目的です。この区別の実益は、時効期間であるとすると、時効の中断という制度があり、請求により双六の例でいえば振出しにもどることになり、売主はいつまでも瑕疵担保責任を負わなければならないことになりますが、除斥期間であるとすると、中断という概念はありませんので1年経過したら終わりということになります（但し、通説は除斥期間にも時効の停止に関する民法161条は類推適用されるべきだとしています。）。消費者保護の立場からは、1年間というのは時効期間であるとの主張になるかもしれませんが、逆にマンション分譲主の立場からは、時効期間であるとするといつまでも責任を負わなければならないということになってしまいますので、判例の除斥期間という解釈が妥当だと思います（詳しくは、椿寿夫＝三林宏編『権利消滅期間の理論（仮題）』信山社、2001年、近刊）。

■ 宅建業法40条の瑕疵担保責任特約条項

宅建業法は宅建業者が遵守すべき業法ですが、宅建業法40条に「瑕疵担保責任についての特約の制限」が規定されています。そこを見ると、「その目的物の引渡しの日から2年以上とする特約をする場合を除き、民法566条に規定するものよりも買主に不利となる特約をしてはならない」となっています。そこには「2年以上」となっていますので、2年でもいいし、3年でも、5年でもいいのです。しかし、業界では最低限の2年としているケースがほとんどです。

■ 民法566条3項の1年間と宅建業法40条の2年間ではどちらが買主保護になっているか

ところで、民法566条3項の「買主が瑕疵の事実を知ったときから1年内の主張」と、宅建業法による「2年の瑕疵担保特約」では、どちらが買主保護になっているでしょうか。民法の規定では5年経過していた

としても、瑕疵を発見してから1年以内に主張すればいいわけですから、合計6年の保証期間があることになります。一方、宅建業法では2年を過ぎてしまうと保証がなくなってしまいます。これは、明らかに宅建業法が消費者保護ではなく、民法の規定を緩和して業界に有利に改悪しているとしか思えません。しかし、次のようなケースも考えられます。この場合は、民法の規定よりも宅建業法の方が瑕疵担保責任を長く問えるということもあります。例えば、マンション購入後6ヶ月目に瑕疵を発見したとします。民法の規定では瑕疵を発見してから1年以内に主張しなければなりませんので、保証期間は1年6ヶ月しかないことになります。もし、その間に瑕疵の主張をしないで2年目に瑕疵を主張したとしても、民法の規定では保護されません。民法の規定では長期保証をしており、何かあっても10年間は瑕疵担保責任を問えるだろうと勘違いしている方がいますが、これは間違いです。このケースでは1年6ヶ月で瑕疵担保責任の期間が終わってしまうことになります。一方、宅建業法では1年以内に主張しなくてもよくて、2年間は瑕疵担保責任を負うとなっていますので、民法の1年6ヶ月よりも4ヶ月も長く保証していることになります。

■ 宅建業法で瑕疵担保特約を「2年以上」とした理由は

なぜ宅建業法では「2年以上」としたのでしょうか。正確なところは私にもよく分かりませんが、ある座談会のなかで「建設省がこの業法を作ったときには、春夏秋冬を2回繰り返せば欠陥が明らかになると考えていた」という記事を読んだことがあります。しかし、2年間で瑕疵が全て分かるとはとても思えませんし、これではあまりに短かすぎます。なぜかと言えば理由が3つあります。1つ目は、マンション購入者の方から考えると、マンションを購入できた嬉しさもありますが、引っ越しや家具の購入・整理に追われて、最初の1年間はあっという間に過ぎて

しまいます。残りの1年間で建物の不具合をチェックするといっても素人では分からない点もあると思います。まして初めてマンションに住む場合は、他のマンションとの比較の規準もありませんので、なおさら難しいと思います。2つ目は、総務庁行政監察局が過去に行った調査によると、マンションの場合3年目以降に発生する瑕疵は54％に達するとの報告があります。このようなデーターからも実態とはかけ離れた規定だと思います。3つ目は、これは私の個人的意見ですが、先程の業法制定当時の座談会で、春夏秋冬を2回繰り返せば建物の欠陥が明らかになると考えていたとのことですが、そもそもマンションに季節はないのです。ですから春夏秋冬もないのです。だから建物の不具合が分かりづらくなっているのです。どういうことかというと、春夏秋冬の四季があれば、夏は暑く、冬は寒いわけなので、それに合わせて建物の部材の乾燥収縮も連動し、不具合があればだいたいのことはその時に分かっていたと思います。ところがマンションは気密性が高く1年中クーラーをつけて快適温度に設定している場合がほとんどだと思います。だから、マンションの住戸内には、春夏秋冬はなくて、あるのは秋だけかもしれません。このような状態では、通常の建物部材の乾燥収縮のサイクルが成り立たないんです。

■ 住宅品質確保促進法で注意すべきこと

次に、住宅品質確保促進法で注意すべきことをお話します。この法律は住宅の基本構造部分である①「構造耐力上主要な部分」および②「雨水の浸入を防止する部分」についての瑕疵担保責任期間が10年とされ、平成12年4月1日から施行されております。特にこの瑕疵担保期間10年の規定は、強行規定です。強行規定ということは、気にくわないのでこれよりも短い5年に定めたとしても無効であるということです。これから竣工する全ての新築物件には、基本構造部分等について10年間の

保証が義務づけれます。

■ 住宅品質確保促進法の瑕疵担保10年の義務づけは全ての新築住宅に適用される

先程民法570条の瑕疵担保の説明をしたときに、これは任意規定なので宅建業者は業法の規制により少なくとも2年間の責任を負わなければならないが、宅建業者以外の個人の場合はこの条項を排除しても有効であると説明しました。しかし、この住宅品質確保促進法による基本構造

(注) 民法・宅建業法・住宅品質確保促進法の比較表
　　（建設省住宅局住宅生産課監修「図解・住宅の品質確保の促進等に関する法律」
　　㈶ベターリビング（1999年）62～63頁の比較表を引用させて頂いた。）

	民法（請負）	民法（売買）	宅地建物取引業法	住宅品質確保促進法（請負）	住宅品質確保促進法（売買）
請負人又は売主	すべて	すべて	宅建業者	住宅の新築に係る請負人に限定（法人・個人を問わない）	新築住宅の売主に限定（法人・個人を問わない）
対象	土地工作物	すべて	宅地・建物（新築・中古、住宅・非住宅をすべて含む）	新築住宅の構造耐力上主要な場部分等に限定	新築住宅の構造耐力上主要な場部分等に限定
瑕疵	隠れたる瑕疵に限定されない（通説）	隠れたる瑕疵に限定される（570）	民法（売買）に同じ	民法（請負）に同じ	民法（売買）に同じ

		民法（請負）	民法（売買）	宅地建物取引業法	住宅品質確保促進法（請負）	住宅品質確保促進法（売買）
請求の内容	修補請求	○（634①）瑕疵が軽微かつ過分費用の場合は×（634①但書）	×（伝統的通説？）有力反対学説・裁判例あり	民法（売買）に同じ	民法（請負）に同じ	○瑕疵が軽微かつ過分費用の場合は×（請負の場合と同一）
	賠償請求	履行利益（通説）（条文上634②は損害賠償請求）	信頼利益（伝統的通説？）有力反対学説等に従えば、履行利益	民法（売買）に同じ	民法（請負）に同じ	・修補に代わる損害賠償 ・修補と共にする賠償請求（請負の場合と同一）
		634①但書の場合は信頼利益（通説）			民法（請負）に同じ	
		修補と共にする損害賠償（履行利益＝通説）（634②）			民法（請負）に同じ	
	解除	×（635但書）	○（契約目的達成不可能の場合のみ566①）	民法（売買）に同じ	民法（請負）に同じ	民法（売買）に同じ

[セミナー第1部] マンション管理法の基礎知識

		民法(請負)	民法(売買)	宅地建物取引業法	住宅品質確保促進法(請負)	住宅品質確保促進法(売買)
	特約	注文者に不利な特約も可能	買主に不利な特約も可能	不利な特約は不可(40)	不利な特約は不可	不利な特約は不可
期間	原則	引渡時から5年又は10年(638①)	引渡から10年以内(内田説)	引渡時から2年以上とすることは可能(40)	構造耐力上主要な部分等10年義務づけ	構造耐力上主要な部分等10年義務づけ
		滅失、毀損時から1年以内(638②)	瑕疵を知ってから1年以内(566③)	引渡時から2年以上とすれば短縮可能	民法(請負)に同じ(強行規定対象外)	民法(売買)に同じ(強行規定対象外)
	特約	10年以内で伸長・短縮可能(639)(金山説では20年)	短縮可能(通説)	引渡時から2年以上とする特約以外は不可(40)	短縮不可(10年超20年まで伸長可能)	短縮不可(10年超20年まで伸長可能)
免責特約		有効。ただし、悪意の場合は×(640)	有効。ただし、悪意の場合は×(572)	不可(40)	不可	不可
免責条文		注文者の指図等(636)	なし	民法(売買)に同じ		民法(売買)に同じ

部分等10年間の保証は、宅建業者であるかどうかに関係なく、全員が遵守すべき規定です。なお、10年間の保証は建物の全ての部位ではなくて、**基本構造部分に限定**されています。また、この法律の適用があるのは新築住宅のみで中古住宅には適用がありません。しかも完成してから1年以内になっています。

■ 宅建業法の瑕疵担保2年と住宅品質確保促進法の瑕疵担保10年の関係は

　ところで、住宅品質確保促進法は、宅建業法の瑕疵担保2年をさらに延長する趣旨でしょうか。結論から言いますと、両者が併存して適用されます。その結果、宅建業者が自ら売り主となる新築住宅については、①引渡し時から2年間は、基本構造部分だけでなく住宅全部について瑕疵担保責任の対象となります。②引渡し時から3年目以降10年間は、基本構造部分についてのみ瑕疵担保責任の対象となります。

　資料では、売買契約の瑕疵担保以外に請負契約の瑕疵担保もあげておりますが、基本的な考え方は売買契約の場合と同様ですので、売買契約の場合と比較しながら整理していくと理解しやすいと思います。

19　諸外国のマンション管理事情

　ここで、諸外国のマンション管理について、お話しましょう。我々フロントマンは、理事会・総会の対応に追われており、問題の多いマンションでは総会が紛糾することもあります。現場のフロントマンの方は本当に苦労していると思います。それじゃ、外国のマンション管理も日本と同様の悩みを持っているのか、どのような管理運営をしているのか関心があると思います。

　日本では、まず管理組合があって、組合員の中から役員を選出します。そして、選ばれた役員で理事会を構成します。理事会の構成員は、理事長、副理事長、会計担当理事、広報担当理事、監事というように各々役職があります。通常の管理業務の執行機関は理事会ですが、重要なことは総会で決めます。このような管理組合の運営形態は、日本だけの特殊なやり方かというと、そうでもないんです。

[セミナー第1部] マンション管理法の基礎知識　93

■ アメリカのコンドミニアム（マンション）の管理運営は

　アメリカのコンドミニアム（日本の分譲形式のマンションにあたるものをこう呼ぶ）の管理運営も日本と似たような面があります。アメリカのマンション管理について紹介している本に『コンドミニアム』という小説があります。この中で、分譲会社が当初設定した管理費の問題、管理人の問題、瑕疵の問題、総会開催の風景等日本とよく似たような（？）事情が紹介されています（この本の舞台は、リゾートマンションであり、また後半はハリケーン［台風］を主に扱っています）。

　（注）　ジョン・D・マクドナルド『コンドミニアム』（上）（下）（昭和59年、角川書店）以下で、本書の一部を紹介しよう（上巻267～272頁より）。

　「時計の針が1時40分をまわり、出席者たちがしだいにじりじりしはじめたのを感じたピーター・マッギニティは、ふたたび槌を打った。「それでは、ゴールデンサンズ・コンドミニアム管理組合の特別集会を開会します。これまでの集会でもおわかりでしょうが、こうしたコンドミニアム管理組合の議決の手続きは少々複雑ですのでもう一度ご説明しますと、組合規約の範囲内での議決は、委任状による票数を加えた出席者の多数決によります。それから、組合規約の改廃には全所有者の3分の2の合意が必要ということになっています。つまり、このゴールデンサンズの場合ですと、売れ残っている2戸を除きますので、30戸の所有者の賛成が必要になります。では、きょう欠席した所有者からの委任状提出状況について、書記のワスニアクさんから報告してもらいましょうか？」（省略）「議長、したがいまして、出欠の集計は次のとおりになります。出席は40名、つまり全47戸のうちの40区分の所有者もしくは代理人が出席しているということです。欠席は委任状不着の不在所有者が2名、居住者が5名で、計7名ということになります。これはこれまでで最高の出席者数です。組合規約の改廃には30戸の合意が必要です

が、この出席者数ですと、それも充分可能であると思います。」

「ご苦労様。つぎは前回の議事録を読み上げるのが慣例なのですが、これはすでに議事録のコピーを各戸に配付してありますので、省略するという動議があればとりあげたいと思いますが──」

「そう提議します」フォレスターが言った。

「賛成」ガーバーが支持した。

「賛成のかたは？反対のかた？賛成多数と認めます。それではつぎに──」

フランク・ブランハマーが突然立ち上がった。赤い両手のこぶしを固く握りしめ、大きな赭ら顔をふくらませてマッギニティをにらみつけた。「ちょっと待った！」

マッギニティは激しく槌を打った。「ブランハマーさんおすわりください。無断で発言されては困ります」

「わしはあんたらのやっていることがいったいどういうことなのか知りたいんだ！」さかんに袖を引っぱりささやきかけている妻を無視して、ブランハマーは怒鳴った。

「いまは議事録の読み上げを省略するという動議を可決したのです」マッギニティは答えた。「つまり、3ページの議事録をワスニアクさんに読んでもらう時間を節約しようということです。そのためにコピーを各戸に配付したのですから。お宅にも言っているはずです。どうぞおすわりください！」

「てことは、それじゃ、おまえさんたちがあの議事録とやらに書いたろくでもないことをここで問題にしちゃいけないっていうのかい？」

マッギニティは憤然として怒鳴り返した。「あの議事録の内容についてご意見がおありなら、本日の議事がその問題に進んだときに述べていただきます！しかし、そういう秩序を乱すような発言ばかりなさっていると、あなたはそのときまでここにいていただけるかどうかわかりませんから──会場から出ていただかなきゃならないかもしれませんから」

(省略)

　マッギニティはみんなに向かって言った。「どうも短気なところをお見せして申し訳ありません。お詫びします。この組合役員というのはまったく報われない仕事でして、わたしはほかに代わってくださるかたがおられれば、すぐにでもおかわりしたいのです。で、もう一度はっきり申しあげておきますが、わたしは悪口や中傷を我慢するつもりはありません。疑惑や不信の眼で見られるのも、われわれとしては耐えがたいことです。われわれ役員はこの組合の仕事のために週に何時間も費やしていますが、それに対してただの1セントも得ることはないのです。それでは本日の議事にもどりますが、無断発言は固くお断りします。皆さんのご意見をうかがいたいときには、こちらからそう申しあげますから。ではまずいつものとおり役員報告からはいりたいと思います。それから前回から持ち越しの議題、つぎに本日の新議題という順序で議事を進めていきます。それでは、ダウさんに会計報告をお願いします」……」

■ ドイツやフランスは管理者方式で運営されている

　ところが、ドイツとかフランスでは、管理者方式で運営されています。特にフランスではプロの管理者というイメージなんですが、業者との交渉や見積金額の交渉等ある程度その管理者がプロとして取り仕切っています。この管理者のことをフランスでは「サンディック」といいます。地位は弁護士と同等かあるいはそれよりも上ではないかとも言われています。したがて、日本やアメリカのような理事会は組織されていないようです。サンディックになるにはいろいろと資格要件がありまして、保証金としてある程度の金額を預託しておかないといけない。その残高が基準を下回ると、サンディックとしての仕事ができないということになっています。プロ中のプロであるとされているのが、フランスのサンディックなんです。

■ 都心の小規模マンションでは管理者方式の方がよい

このように、管理組合組織は、日本・アメリカが「理事会型」で、フランス・ドイツが「管理者型」に区分されます。日本は原則として「自主管理」になっています。自分たちで維持管理しなさい、ということになっています。しかし、素人では維持管理が難しいので、ある程度は業者としての管理会社の方へ委託しております。それでも最終的な決定権は管理組合にありますよ、ということになっています。理事会役員といっても素人の集まりなので、管理会社の方がいろいろとアドヴァイスしながら、場合によっては前面に出て運営している場合もありますが。しかし、このようなやり方でうまくいっているのは、住居専用で、ある程度の戸数規模のあるマンションなんです。逆に小規模なマンションでは理事会方式ではなく、先程お話した管理者方式で運営し、プロの管理者に管理運営を全て任せた方が安心ではないかという意見があります。特に都心の小規模なマンションでは理事会方式による運営が難しくなってきております。管理組合の構成員は区分所有者のみで賃借人は構成員になれないんですが、このような都心のマンションでは賃借人の比率が高く、区分所有者が少ないんです。まして、規模が小さいので理事会役員の当番がすぐ回ってくる。または、回りは賃借人ばかりで、役員のなり手がいないという深刻な問題があるわけです。このようなケースでは専門の管理者であるフランスのサンディックのようなやり方でやった方がよいのではないかと、かなり以前から検討されていた話なんです。しかし、そうやってしまうと責任の区分が明確ではないとか、ただでさえマンション住民は他人任せ、管理会社任せのところがあるのに、ますます他人任せの動きを助長するようなものではないかとか、管理者に誰がなるかという問題があり、もし管理会社が管理者になるとしてもそこまでの能力はないとか、いろいろと問題点が指摘されています。

■ マンションに誰も住んでいないのが理想的な状態？

　ところで、マンション管理業者の団体として㈳高層住宅管理業協会があります。ここは、よく海外視察を行っており、諸外国のマンション管理事情を調査しております。これはアメリカのマンションの管理組合理事長の話ということですが、「マンション管理では、どういう状態が理想的な状態ですか」と聞いたら、冗談交じりに「マンションに誰も住んでいないのが理想的な状態です」と言われた、という話が協会報の中で紹介されていました。

■ ドイツの古い諺に「集合住宅は争いの家」というのがある

　同じような集合住宅の悩みはドイツでもありまして、ドイツの古い諺に「集合住宅は争いの家」というのがあるそうです。集合住宅での生活の歴史の長いドイツでも集合住宅での生活マナーの問題、上下階の音の問題等昔から紛争はいろいろとあったということだと思います。人間が２人いるだけでも、好き嫌いの感情があり、争いは日々絶えないわけですが、集合住宅というのは、上下・左右に部屋が積み重なっており、その中で考え方の違ういろんな人々が生活しているわけですので、集合住宅は「争い」のもとということになるんでしょうか。また、ドイツでは「100戸以上は人間の住む家ではない」とも言われているようです。昔は大規模な高層マンションを建設していたようですが、維持管理上の問題や防犯上の問題があるということで、住戸数を制限しており、現在はあまり大規模なマンションは建設していないようです。それじゃ、100戸以上の日本のマンションはどうなんだと心配になるかもしれませんが、実際のところどうなんでしょうか。私には、コメントできる能力はありません。

■ 高層マンションでは情緒不安定な子供が多い？

しかし、心理学者の研究によると、高層マンションに住んでいる子供は、戸建てや低層階に住んでいる子供と比べると情緒不安定である比率が高いという調査結果があるようです（以下は、うろ覚えの不正確な情報です）。なぜかというと、人間はそもそも土に親しんできた生物なので、土から離れた高層階にずっと住んでいると生理的に落ち着かないということのようです。それと物理的な面もあると思いますが、高層階は窓を開放すると危険なので、常に窓は締め切った状態であり、そこに住んでいる子供もあまり外出しないで、部屋に閉じこもった状態になってしまうという面もあると思います。このような高層階で育った子供は高層のベランダに立っても恐怖感をいっさい感じないらしいんです。私は高所恐怖症ではないんですが、高層マンションの共用廊下から下を覗くと、多少は足元が震えるという感じになります。人間の生理的な反応としてこれが普通ではないかと思います。そもそも地に足が着いていないというのは、生理的な面からも落ち着かないんです。私が飛行機が嫌いな理由もここからきているんです（？）。

（注）　諸外国のマンション管理研究の必要性について　㈳高層住宅管理業協会では、諸外国のマンション管理事情視察のため過去数回にわたり、視察団を派遣し、管理組合、管理会社等の実態を調査・報告している。その報告は、マンション管理の歴史の古い欧州（フランス等）に学ぶべき点も多いが、日本と事情が違う点も多く、マンション管理の業務内容では、日本の方が進んでおり、あまり参考にはならないという論調が多い。

しかし、私は日本のマンション管理が歴史も浅く、まだまだ試行錯誤の段階であることを考えると、諸外国との比較法的研究は大いに参考になると思う。とくに日本と管理事情の似通っているアメリカのマンション管理事情は大いに研究すべきである。"**IREM**"（Institute of Real Estate Management）、"**CAI**"（Commnity Association Institute）が発行している出

版物、ガイドブック、マニュアル等は、これからのマンション供給のあり方、管理のあり方を考える上で積極的に研究すべきである。現にかなり早い段階から、"CAI"等の出版物を翻訳し参考にしている民間のマンション問題研究会もある。

［セミナー第 2 部］　フロントマンの心得

管理会社フロントマンのためのマンション管理セミナー
　（セミナー第 2 部については、渋谷喜一『分譲マンション管理・管理組合との対応実務マニュアルと書式文例集』（環境企画、平成 9 年）の中の「マンション管理会社の基本姿勢」12～13 頁及び「フロント社員心得」233～238 頁を参考とさせて頂きました。しかし、具体的内容は、著者の長いフロントマンの実務経験をもとに多少のフィクションを交えながら独自に作成したものです。）

1　フロントマンのあり方
(1)　フロントマンの心得
＊　フロントマンは、管理業務の最前線で直接、顧客や管理組合と接する管理会社の顔である。顧客や管理組合は、フロントマンが管理会社そのものであるという見方をする。つまり、フロントマンの業務に対する姿勢が直接管理会社の評価につながる。

①　誠意のある対応

②　公平な態度

③　約束の完全履行（待たせて 2 週間まで）

④　"NO" と言える勇気

⑤　自己啓発

＊　「……断片的な知識と無秩序な経験とは、不動産の鑑定評価には無用であって、高度の知識と経験と判断力とが渾然とした有機的一体を形成してこそ、的確な鑑定評価が可能となるのであるから、不断の勉強

[セミナー第2部] フロントマンの心得

と鍛錬とによってこれを体得し、もって鑑定評価の進歩改善に努力すること。」(旧「不動産鑑定評価基準」、不動産鑑定士等に対する倫理的要請、昭和44年9月29日、建設省住地審発第15号)
  ⑥ 常識ある対応
(2) フロントマンの応接態度
  ① 服装・身だしなみ
  ② ていねいで分かりやすい言葉遣い
  ③ 相手の立場の尊重

2 管理会社の基本姿勢

① 気配りのある対応
  ＊ 迅速・的確に業務を遂行することは当然のことであり、さらにもう一歩踏み込んで「気配りのある対応」が求められている。
② 管理組合は顧客である。
  ＊ 管理会社は区分所有者（管理組合）が顧客であるという感覚がなくなってしまう。
③ コンサルテーション業務
  ＊ 管理業務は、「事務管理業務」、「管理員業務」、「清掃業務」、「設備管理業務」に大別できるが、従来のこのような業務に加えて今やコンサルテーション業務が必要となっている。
④ 管理会社の特徴は代行業務である
  ＊ 管理会社は、本来、管理組合がしなければならないことを代行しているだけである。あくまでマンションの管理は管理組合が主体となって行うべきものである。
⑤ 管理会社のスタンスはあくまでも黒子に徹することである。
  ＊ 管理会社のスタンスというのは、あくまで管理組合に主体性をもってもらい、黒子に徹して側面よりいろいろと指導をしていくというこ

とである。
⑥ 勝負は1年であり、「総会に始まり総会に終わる」。
* 管理委託契約は一般的に契約期間は1年間である。1年1年契約を更改していくようになっている。無条件に毎年自動更新されているためにこのことを忘れがちであるが、あくまで勝負は1年である。とくに引渡し後6ヶ月間は最重要である。
* 管理会社にとって総会は闘争の場である。

3 フロントマンの業務
① 管理組合理事長とのコミュニケーション
② 管理員とのコミュニケーション
③ 総会・理事会の運営補助（必要書類の作成・提案）
④ 管理組合会計の適正な運営
⑤ 未収金の回収
⑥ 契約管理（駐車場契約など）
⑦ 長期修繕計画の提案（改修工事の提案）
⑧ 緊急時の対応
⑨ 官公庁などの窓口
⑩ 管理組合催事への参加
⑪ マンションの巡回
⑫ アフター・サービスの窓口（一般的管理会社）

4 日常業務の留意点
① 管理組合及び理事長との対応
* フロントマンは、常に「顧客本位」を考え、とりわけ管理組合理事長とは、マンション管理業務を通じて定期的な連絡や折衝が不可欠であり、十分配慮する必要がある。

＊　納期は余裕をもって決める。
　　＊　総会・理事会開催後は、議事録などを速やかに作成する。
　②　社内における対応

5　これからの管理会社に求められるもの
　　□只今からマンション管理セミナーを開催いたします。まず始めに、講師の方をご紹介いたします。山畑氏は「管理会社」及び「ディベロッパー」の両方に勤務し実務経験が豊富で、ご自身でも『マンション管理法入門』（信山社、1998年）という本を書いておられます。最近は「マンション管理」の問題がマスコミでも多く取り上げられ、また、それに関する本も多数出版されているようですが、今までの本はどちらかというと表面的な解説や区分所有法の抜粋的な解説が多く、実務の面からはあまり役に立たないものが多かったように思います。しかし、この本は主にマンション管理会社の事務職員（フロントマン）を読者に想定して書かれていますので、マンション管理の現場で日々多大な努力をされている管理会社の方々に幅広くご活用いただけるものと思います。この機会にぜひともご活用いただけますようご紹介させていただきます。
　　参考までにこの本の主な特長を簡単にご紹介いたします。

同書の主な特長
● 同書は管理業務に直接・間接に関連する範囲で「基本知識」として欠かせない事項及び誤解されやすい部分について重点的に解説しています。「基本知識」を正確に理解することが大切です。
● できるだけ「比較法的考察」を用いて、分かりやすく説明しています。例えば、改正区分所有法の説明も必要に応じて旧区分所有法と比較し、さらに標準管理規約、諸外国の区分所有法等とも比較し

ながら説明しています。
- 区分所有法のワクにとらわれないで、関連すると思われる必要な知識について具体的に説明しています。例えば、民法、不動産登記法、損害保険契約、長期修繕計画、その他実務上の問題等。
- 実務の現場担当者でも正確には理解していないと思われる「管理者制度」について、かなりのページを使って説明し、またよく話題となるフランスの管理者方式「サンディック」についても小説等を引用しながら具体的に説明しています。
- 「標準管理規約」について、実務家の立場から問題点を指摘し、解説を加えています。
- 未収納者対策の為に今後幅広く活用されるであろうと思われる新民事訴訟法による「支払督促」及び「少額訴訟」について、実務上のポイントを加えながら解説しています。
- マンションは、部分的地域社会という「閉じた社会」ではなく、集住生活の楽しさを積極的に見いだしていく「開かれた社会」でなければならないという考えのもとに哲学者K・R・ポパーの「開かれた社会」の哲学をマンション管理に応用すべきであることを主張しています。
- 参考資料として「標準管理規約（単棟型）及びコメント」（平成9年2月）をのせていますが、昭和58年版標準管理規約と平成9年版標準管理規約の「新旧対照表」も付けていますので、実務家にとっては非常に役立つ資料であると思います。

　さて、ここではマンション管理会社のフロント社員の方々を主な対象としましてお話をしていただくことになっております。
　それでは、順次説明していきたいと思います。長いことフロントマンをやっているとか、マンション管理について深く勉強している方にはや

や物足りないところがあるかもしれませんが、ご容赦いただきたいと思います。しかし、ベテランのフロントマンであっても、それなりに役に立つものと考えております。

1 フロントマンのあり方

(1) フロントマンの心得

　　＊ フロントマンは、管理業務の最前線で直接、顧客や管理組合と接する管理会社の顔である。顧客や管理組合は、フロントマンが管理会社そのものであるという見方をする。つまり、フロントマンの業務に対する姿勢が直接管理会社の評価につながる。

　管理員さんもそうですが、実際に管理組合、理事会の運営にたずさわるのはフロントマンですから、フロントマンの対応の仕方、頼まれたことをどう対応するのか、すぐ回答するのか、頼んでも何もやってくれないのか、依頼事項に対して適確にスピーディに対応すれば管理会社の評価も上がるわけですが、簡単なことを頼んでも全然対応してくれないとかそういうことであれば、いったいこの会社はどういう社員教育をしているのか、どういう会社かと思われます。

　顧客や管理組合は、フロントマンが管理会社そのものであるという見方をします。つまり、フロントマンの業務に対する姿勢がそのまま直接管理会社の評価につながるわけです。お客の方から言いますと（お客と言いますか、管理組合の区分所有者の方全員が我々にとってはお客様ですが）よく接している理事会役員ですね、理事会の役員から管理会社の社員を見るとフロントマンの対応の仕方ひとつひとつ、どういう動きをしているのか、頼んだことをよく適確にやってくれるのか、あるいはまったく頼んでも音沙汰なしでやってくれないのか、それによって評価がわかれる。ですから重要な業務であるわけです。

　フロントというのは、「前」という意味ですね。最前（戦）線にいる

ということを常に意識して業務を行う必要があると思います。

① 誠意のある対応

　お客から依頼されたことについては誠意をもって誠実に対応する必要があります。我々フロントマンには、個々のマンション居住者から一般的な問い合わせからクレームまで、いろいろな電話が入ってくることがあります。なかには管理運営上の問題とは関係ないことをクドクドと一方的にしゃべる方もたまにはいます。その場合は、お客と議論したり、こちらも感情的になって大声でしゃべるということではいけません。まずは、誠意をもってお客の話を聞くことが必要です。怒ったお客に対応するのは、非常に難しいことです。いかなる状況あるいはいかなる性格のお客にも通用する完璧な対応策はありません。例えば、マンション敷地内にやたらと違法駐車が多くて自分の車が出せないので管理会社の方でなんとかしろとか、上の住戸がうるさいから管理会社の方でなんとかしろとか、いろいろです。この場合、すぐに問題解決ができればいいんですが、そうもいかない問題の方が多いです。その場合でも、じっくりとお客の話を聞き、問題解決の努力をしていることを理解してもらうことが大切です。その場限りの取り繕った対応では、毎回問題を先送りしているだけであり、ますます問題を大きくしているだけになります。フロントマンから見れば、クレームを言ってきたのは、一居住者かもしれませんが、管理会社としては個々のお客を大切にするという考えが必要です。我々フロントマンは、クレームを言ってきたお客を含めてマンション住民とこれからも永い付き合いをしていかなければならないわけですから、地道かもしれませんが誠意をもってお客の立場に立って対応することが、結果的には会社のためにもプラスになるんです。

　これとは逆の話になるかもしれませんが、フロントマンによっては、いつも「マイナス思考」で物事を常に悲観的に考える癖のついている方

がいます。特に管理会社の立場自体がどちらかと言うと保守的なマイナス思考の面があることは、否めないと思いますが。常に将来の問題点を予想して事前に予防保全をする考えは重要ですが、だからといってフロントマンの日常業務の思考もマイナス思考ではいけないと思います。フロントマンとしては常に「プラス発想」で物事を肯定的・前向きに考える態度が必要だと思います。この態度が普段のクレーム処理や難しいことを言ってくるお客に対する場合でも有効なんです。フロントマンとしては、クレームを言ってくるお客に対して誠実に対応する必要がありますが、それだけではストレスがたまってしまいます。一方では「なるようになるさ（ケセラセラ）」という物事をあまり深刻に受け取らない軽い気持ちも必要なんです。これは、不真面目に対応しろということではありませんので、誤解の無いようにお願いいたします。

② 公平な態度

これはどういうことかと言いますと、例えば理事長から頼まれたからやるが、一般理事から頼まれたことはやらないでよい、ということではない。頼まれたことは理事会役員にかかわらず、区分所有者の方からもフロントマンに対してマンションの担当ということで個々に依頼がくることもあると思いますが、一居住者の言うことだから、適当にやっておけばいいやということではなくて、理事長あるいは他の役員ということでランク付けをしないで公平に接するということが必要だと思います。理事長の言ったことはすぐやるが、他の方の言ったことはやらないということではいけないと思います。

③ 約束の完全履行（待たせて2週間まで）

これは書いてある通りではあるんですが、非常に難しいことです。例えば、理事会に出席すると営繕工事の見積書を出して下さいとか、長期

修繕計画書を出して下さいとか、いろいろと要望が出ると思います。これに対して100％できればいいんですが、当然人間のやることですから、次回の３月の理事会に出して下さいと言われながら間に合わなかったとします。その場合でも、ここまではできております。途中経過ですがご報告させていただきますとか、そういう対応をすればマイナス評価を受けないわけです。逆に頼まれた仕事があるにもかかわらずまったくやっていないとか、どこまで進んでいるのか途中の経過報告がまったくないと、そういうことに対してお客は怒るわけです。

　完全履行100％できればいいんですが、できていない場合でもどの程度まで進んでますとか、途中経過報告、３月の理事会に資料を出して下さいと言われていた場合でも、実は途中経過ですが、ここまで報告いたします、と対応しておれば相手もそれ程マイナス評価はしないと思います。

④　"NO"と言える勇気

　これはどういうことかと言いますと、これだけでは分かりづらいと思います。例えば理事会の運営の仕方について、もちろん我々の方がプロですから区分所有法及び関連法規をある程度といいますか、かなりのレベルで理解していないといけないわけですね。逆に理事会の役員の方が（もちろん中には、我々よりも詳しい方がたまにはいると思いますが）、一般的には素人です。素人ですから、次のように間違った対応をする場合もあります。例えば、管理規約の変更をする場合は3/4以上の特別決議が必要です。「ペット条項」（これは規約本文ではなく、一般使用細則に規定されていて、その内容を変更する場合は慎重に対応する必要があるわけですが）これは、一般使用細則に規定されていたとしても、専有部分の使用方法を制約する内容ですので、これを変更する場合には規約の変更と同様な手続き、つまり3/4以上の特別決議が必要だという解釈になると思

います。

　このように特別決議を経る必要があるわけですが、中にはそのようにいちいち総会を開催するのも面倒だからしないでよい。単に「アンケート」をとって過半数を越える賛成があればそれでよい、あるいは単に理事会決議だけでよいとすぐに規約の内容を変更してしまおうと恐ろしいやり方をしようとする役員もたまにはいるわけですね。そういった方に対して、そのやり方は間違っています。区分所有法ではちゃんと規定があって、特に規約の変更とか重要な問題については総会を開催して普通決議よりも厳格な特別決議で決定する必要がある。その場合は、「頭数」と「議決権」の各3/4以上の賛成が必要です、とか役員に対して適確にアドヴァイスする必要があるわけです。役員がこのやり方でよいといったから、本当は正しくないけれどもそれに従うということではいけない。そういうやり方ではダメですよ、とキッパリという必要があるわけです。これが、ここで"NO"と言える勇気ということの1つの参考例ではないかと思います。

　（注）「書面投票」（法39条2項）と「書面決議」（法45条1項）の違いについて

　　ここで、「書面投票」（法39条2項）と「書面決議」（法45条1項）の違いについて説明しておこう。これはよく間違えやすい用語であるが、その内容は全然違うので注意する必要がある（山畑哲世『マンション管理法入門』（信山社、1998年）122〜127頁を以下で引用する）。

　　「書面投票」……議決権は、区分所有者本人が集会に出席して自ら行使するのが原則であるが、書面で行使すること（書面投票）または代理人によって行使することが認められている（39条2項）。

　　このように、書面投票というのは、集会には出席しないで、その会日前に議案について賛否を記載した書面を集会の招集者に提出することにより議決権を行使することをいう（「議決権行使書」の提出がこれにあたる）。そ

の趣旨の書面が集会の招集者に提出されたときは、必ずこれを議決権の行使として取り扱わなければならない。書面の提出自体が議決権の行使となるのであって、委任状による議決権の行使とは異なる。

「書面決議」……区分所有法または規約により集会において決議すべきものとされた事項については、区分所有者全員の書面による合意があったときは、集会の決議があったものとみなされる（45条1項）。いわゆる書面決議とか持ち回り決議と呼ばれている。集会を開かないで集会の決議があったものとみなすものであるから、集会を開いたうえで議決権を書面で行使する書面投票の制度とは、区別しなければならない。

この制度は、集会を開催せずに集会を開催したとみなす制度であるから、区分所有法34条2項が要求する「毎年1回の集会」が招集されたことにはならない。したがって、この書面決議は、主として、臨時総会の招集を省略するという機能を果たすことができるにすぎない。

なお、書面決議には、「区分所有者全員の書面による合意」が必要であり、集会での特別決議要件の3/4以上の書面による合意が集まっても、書面決議にはならない（たとえて言えば、これは単に「アンケート」を取った程度の意味しかない）。「全員の合意」は絶対条件である。この点について誤解している人が多いので注意を要する。

それから、管理組合の業務というのは非常に幅広いです。我々管理会社が受けているのは共用部分の維持管理が中心になるわけですが、それに加えて専有部分の業務も入ってきます。どちらかというと曖昧なグレーゾーンの部分が多いのではないかと思いますが……。むしろあらゆることを管理会社がやってしまう（または、やらされてしまう）ために、気を付けなければいけない点もあります。

例えば、あまり適切な事例ではないかもしれませんが、管理マンションの隣に大規模なマンションが建築される予定であるとします。この場合、問題としてよく出てくるのは日照権ですが、このような日照権の問

題とか、近隣交渉の問題についても管理を委託しているわけだから管理会社の方で全て交渉してくれというような形になる場合もあると思います。しかし、管理会社としては、これはかかわるべき内容ではありません。これは管理会社が前面に出て対応すべき問題ではないですよ、被害を受ける住民自身で交渉すべき内容であり、管理会社はこのような問題にはかかわることができないんですよと明確に断るべきです。

しかし、管理会社として第三者の立場で、適確にアドヴァイスする必要はあります。これは住民自身で対応すべきことですが、管理組合が前面に立ってやるべきことでもない。例えば、管理組合とは別の組織を作って対応すべき問題ですよとかアドヴァイスする必要があるわけです。つまり、基本的に管理組合の業務と近隣建設工事の交渉業務とは別なので、このような日照権の問題とか、近隣交渉等の管理組合の本来の業務でないものについては、管理組合としての対応の仕方といいますか、方向性を示す程度にとどめるべきなんです。

逆に、管理会社が近隣建設工事の日照権問題にかかわってしまうと、さらに補償金の分配の問題までかかわってしまうと（実際にフロントマンがかかわってしまった事例も過去にはあったようですが）、それでフロント担当としては良かれと思ってやったことでも、お互いお金のからむ問題ですから、私の取り分が少ないとか多いとかもめにもめて大変な目にあったという事例があります。

ですから、管理会社としてできないことはできないと、キッパリと言う必要があるわけです。近隣建設工事の日照権問題は管理会社が対応すべき内容ではないと、きちっと線を引いておくということも必要かと思います。

繰り返しますが、管理組合役員は素人ですから、（意識的にか、あるいは無意識的にかその辺は分かりませんが）何でもかんでも管理会社が対応してくれるだろう、あるいは対応すべきだと誤解している部分も多々あ

[セミナー第2部] フロントマンの心得　113

りますから、この点は注意する必要があろうかと思います。
　(注)　管理組合の業務ではない事項への対応の仕方
　　　(以下は、日本ハウヅィング『HOLIDAY』管理組合役員のかたの手引き(1995年)、26〜28頁を部分的に引用させて頂いた。)
　　管理組合は共用部分の維持管理を目的とする団体である。管理組合の目的以外の事項について管理組合が直接関与すると問題となる場合があるので注意を要する。管理組合業務以外の事項は、区分所有者集会を開催し、委員会を設置するか、理事会の要請による専門委員会を設置するなど管理組合とは別の組織を作って対応していくとよいであろう。
　　管理組合の業務ではない注意を要する事項としては、次のものがある。
① 　近隣建設工事に対する対応
② 　敷地境界の確認、立会
③ 　敷地範囲が明確でないものを明確にする場合
④ 　敷地の一部を賃貸する場合
⑤ 　敷地内を通過する私道の変更
⑥ 　敷地外の電波障害施設の維持管理
⑦ 　道路計画予定地における計画道路の実施
⑧ 　近隣建物から発生する騒音問題
⑨ 　旧地主との協議により公園、駐車場とされていた土地の売却処分
⑩ 　敷地の一部に未利用地がある場合の権利関係の調整

⑤　自　己　啓　発
　　＊「……断片的な知識と無秩序な経験とは、不動産の鑑定評価には無用であって、高度の知識と経験と判断力とが渾然とした有機的一体を形成してこそ、的確な鑑定評価が可能となるのであるから、不断の勉強と鍛錬とによってこれを体得し、もって鑑定評価の進歩改善に努力すること。」(旧「不動産鑑定評価基準」、不動産鑑定士等に対する倫理的要請、

昭和44年9月29日、建設省住地審発第15号)

　これはマンション管理とは関係ないと思われる分野から引用しています。実はどうしてこれを入れたかと言いますと、私自身自戒の念を込めてよく引用するところでして、マンション・ディベロッパーは始めに土地ありきで、まず最初に土地を購入する必要があるわけです。土地を購入する場合の判断基準として参考になると思い、マンション・ディベロッパーにいたときに「不動産鑑定評価基準」を勉強したことがあります。しかし、その後バブル崩壊等不動産を取り巻く社会経済の変化も大きいものがあり、鑑定評価基準の見直しがされております。つまり、「不動産鑑定評価基準」は昭和44年に設定されて以来、約20年が経過した時点の平成2年に改定が行われ、私が紹介した格調高い文章は現在の「不動産鑑定評価基準」(平成2年10月26日、2国鑑委第25号)では、残念ながら修正されております。

　旧鑑定評価基準の中の一文ですが、読み上げますと「断片的な知識と無秩序な経験とは、不動産の鑑定評価には無用であって」、この中の「不動産の鑑定評価」の部分は「マンション管理」と入れ替えてもそのまま当てはまるのではないかと思います。いくら断片的な知識があっても、あるいはAマンション、Bマンション、Cマンションといろいろ経験したとしてもです、マンション管理について「断片的な知識」と「無秩序な経験」があったとしても、これだけでは無用というか、役に立たないわけです。「高度の知識と経験と判断力とが渾然とした有機的一体を形成してこそ、的確な鑑定評価(マンション管理)が可能となるのであるから、不断の勉強と鍛錬とによってこれを体得し、もって鑑定評価(マンション管理)の進歩改善に努力すること。」ということになります。

　もっと具体的に言いますと、私のコメントが当たっているかどうか分かりませんが、このこと以前にそもそも「マンション管理」というのは非常に幅広いです。建築、法律、行政の問題等からあらゆることにかか

わってきます。したがって、マンション管理業務をやっているフロントマンは必然的に断片的な知識がつくと思います。自分の担当しているマンションが数棟あれば、その担当マンションごとにいろいろと日常業務を処理したりとか、営繕関係の工事を経験すると思いますが、その中でそれなりの知識は身に付くと思います。

（注）　**マンション管理では幅広い知識が要求される**　マンション管理がいかに幅広い知識を要求されるか、分かりやすく表現した文章があるので、引用する。これは、大阪市立大学の梶浦恒男教授が西ドイツのマンション管理事情を調査したときのものである。西ドイツでは管理者（フェルバルター）制度をとっているという管理事情の違いもあり、管理者としての能力について述べたものではあるが、わが国のマンション管理を考えるうえでも参考になる。

「……さて、このステイン氏は管理者の悩みという点もいろいろと語ってくれた。氏によれば、管理者は多くのことに精通し、何にでも対応できなければならない。『**牧師のように鷹揚で、弁護士のごとく法律を知り、屋根職人のように技術的知識を身につけ、庭師のように植木の種類もたくさん知っている。**』そんな人が望まれるのだという。……」（梶浦恒男『集合住宅を長持ちさせる方法』（彰国社、昭和61年）163頁）。

理事会を運営してうまくいけば（うまくいくのが当たり前でないといけないんですが）最後の締めくくりとして、1年間の締めの総会があるわけですね。それで1つのサイクルを回せば、特に問題がなければ特段の質疑もなく総会がシャンシャンと終わる。これで良いか悪いかは別の問題があります。なかには問題があって質問がいろいろと出て紛糾する例もたまにはありますが、特に問題がなければシャンシャンと1年間の締めくくりの総会が終わるわけです。

私が気になっているといいますか、気をつけなければいけないと考えているのは、例えば理事会や総会に出て問題のない（これが当たり前で

すが)シャンシャンで終わる総会を何回もやっていると、フロントマンというのは「なんだ、この程度でいいんだな。」とか、「マンションの運営なんてこの程度のものだ。たいしたことないや。」とか、「相手はどうせ素人だし、適当にやっていればクレームも何もないし、いいや。結構手を抜こうと思えば抜けるな。」とか、皮肉な言い方をしますと、このように手を抜こうとする面があります。なぜ、このような言い方をするかといいますと、私自身フロントマンとしてずっと現場をやってきて裏方の事情を全部知っているからなんですが……。これは、自戒の念を込めて言っているんです。

　しかし、マンション管理なんてたいしたことないと言うことに対しては、決してそうではない、ということを強調しておきたい。フロントマンの仕事というのは、実はやればやる程難しい仕事なんです。これ程幅広くてやらなければならない仕事がある業種というのも少ないのではないかと思います。だからといって断片的にAマンション、Bマンション、Cマンションについて、例えば駐車場の問題がありそれぞれに対応したとします。しかし、ただ断片的に駐車場の問題を知っているだけではダメなんですね。このような知識や経験を有機的・統一的に自分の頭の中で整理したうえで、他のマンションでもバリエーションに応じて使えるようでなければいけないわけです。このような意味から、不動産評価鑑定基準のこの格調高い文章を紹介させていただいたわけです。

　例えば、これも例が適当かどうか分かりませんが、法律事務所の職員というのは弁護士の先生よりも法律知識が詳しい場合があります。あるいは司法書士事務所の事務員の方が司法書士の先生よりも不動産登記の先例とか詳しい場合もあります。しかし、だからと言って事務員の方が総合的な適確な法的判断ができるかというとこれは別問題です。ベテランの事務員になれば、断片的な知識や経験はいっぱいありますが、弁護士や司法書士の先生のように総合的に判断するというか、知識の統一さ

れた形で知識や経験が有機的一体をなしていない場合があるのです。だから、ベテラン事務員のように知識や経験があったとしても、弁護士や司法書士の先生には負けてしまうんです。知識と経験と判断力との渾然とした有機的一体を形成する必要があるというのは、これである程度ご理解いただけたのではないかと思います。

(注) **自己啓発の必要性についての補足説明**
　自己啓発の必要性についてさらに補足しておこう。
＊ 理事会・総会を一通り経験すれば、マンション管理の一応の知識は身に付くであろうが、このままの知識では「断片的な知識と無秩序な経験」程度のレベルでしかない。断片的な知識はマンション管理には無用であって、高度の知識と経験と判断力とが渾然とした有機的一体を形成してこそ、的確なマンション管理が可能となるのであるから、不断の勉強と鍛練とによってこれを体得し、もって適確なマンション管理を通じ、良好な住環境を確保するために努力する必要がある。
＊ マンション管理には、法律、建築等の高度な専門知識が必要となる。このような高度の実務知識、経験を短期間に身に付けることは容易ではない。実務の経験が何もしないで、あるいは本を読む程度で身に付くものでないことも、明らかである。「実務」を学ぶのに王道はないし、その手段に制約もない。これからマンション管理実務を担当しようとする者にとっては、勉強会、講演、深夜の勉強、上司、同僚への問い合わせ等も無駄ではないが、実務経験を身に付けるのに一番よいのは、個々の担当マンションの理事会・総会からの依頼事項を着実にこなしていくことであろう。自ら苦労しながら経験したことが、最もよく身に付くものであり、ひとつひとつの依頼を、軽視したり、逃避したりしないで、正面から取り組むことが大切である。(升田純『実務民事訴訟法入門』(民事法研究会、平成11年) 17頁の文章を著者の方でマンション管理の文章に修正させて頂いた。)
　私の経験からいうと、担当マンションで外壁塗装工事の話があると、ク

ラックの補修工事の仕方をはじめとして、コンクリートの問題まで徹底して調べた。屋上に広告塔を誘致できないかと言う話があれば、広告条例、税法上の問題を調べた。未収金の法的対応が問題となれば、支払督促、少額訴訟等関連する実務書を徹底して勉強した。このように、担当しているマンションで発生する問題に対して徹底して取り組むことにより、着実にフロントマンとしての能力が上がっていく。そして、外壁塗装工事問題、屋上広告塔問題、未収金問題、保険の問題、駐車場問題、駐輪場問題、ペット問題等々、について軽視したり、逃避したりしないで、正面から取り組むことにより実務知識が着実に身に付いていく。逆に、個々の問題について、この程度でいいやとか自分自身でも徹底して勉強していないと、いつまでたっても低レベルのアドヴァイスしか管理組合にできないフロントマンになってしまう。これは、フロントマンとしての経験が長いか短いかとは別の問題である。

⑥ 常識ある対応

これは社会人として当たり前のことで、特にコメントする必要もないかと思います。1つだけ例を言いますと、例えばフロントマンに対してマンションの居住者から電話があったんですが、担当不在のため折り返し電話を下さい、と言われたとします。クレームとか、なるべく出たくないような内容が多いかとは思いますが、すぐに電話をしてお客から怒られた方がいいんです。逆にまったく電話をしないと、お客の方は電話をしても何の連絡もよこさないとフロントマンに対して、さらには管理会社に対して不信感をもってしまうんですね。

クレームの電話ですと、なかなか連絡もしづらいものですが、怒られてもよいからどんどん連絡をして、怒られた方がいいんですね。叱られているうちがいいんです。逆にお客の方から何も言わなくなってくる、言われなくなってくる。さらには「およびでない」と言われるのが一番

いけないわけです。例えば、理事長から「お前さんが来てもしょうがないから、今後は理事会に出席しないでよい」とか言われたら、管理委託契約が解約されかねないような危険信号であるわけです。

(2) フロントマンの応接態度
① 服装・身だしなみ
　社会人として常識の範囲内の服装・身だしなみをするということで、これについては特にコメントは必要ないと思います。

② ていねいで分かりやすい言葉遣い
　これは私に対する批判も含まれていると思います。私の方はどちらかと言いますと（もちろん、これは良い面と悪い面がありますが）総会の場でよく専門用語を使ってしまうんですね。自分の使っている用語の中では法律用語が多いということもあるとは思うんですが、私にとっては当たり前と思っている言葉が、聞く側のマンション住民にとっては、やたらと専門用語を並べたてて全然内容が分からないということがあります。逆に総会の質疑の中でああでもない、こうでもないとゴチャゴチャ言う方に対しては専門用語を意識的に使って煙に巻くという場合もありますが。居住者の方は一応マンション管理について素人ですので（法律の独特の用語や業界特有の専門用語がありますが）、なるべく分かりやすい用語を使った方がいいと思います。
　笑い話のような本当の事例なんですが、マンションは築年数が経過すると大規模な改修工事をする必要があるわけですが、私が理事会で外壁塗装工事内容の説明をしていて、途中で「養生」という言葉が出てきたんですね。ある女性の役員が「養生」というのは、職人さんがどっかで休憩することですか、と質問してきたことがあります。養生というのは、工事中は危ないのでネットで囲ったりすることですね。また、朝顔養生

というのもありますが、これは通行人が怪我をしないように斜めにフェンスをしたりすることですね。このような専門用語がありますが、一般の方はこのような専門用語の意味が分からないわけですね。特に、改修工事の用語では、「エフロ」、「発華」、「爆裂」、「ケレン」など業界特有の専門用語がいろいろあります。

　（注）　**改修工事関係の用語説明**　ここで、改修工事関係の用語について若干の解説をしておこう。この程度の用語は、フロントマンとしても当然知っていないといけないが、ただ説明ができるというだけではなく、いかに分かりやすく管理組合役員に説明できるかにポイントがある。

① 　エフロ

　石材、コンクリート、煉瓦などの表面に浸出して結晶化した白い物質。エフロは、正式にはエフロレッセンスという。「白華」「鼻垂れ」ともいう。石材などのアルカリ成分が空気中の硫酸分と化学反応を起こして出来た硫酸ソーダで、石材などを著しく損傷しまた美観も損なう。

② 　爆　裂

　鉄筋が露出している現象をいう。鉄筋コンクリートが収縮によって亀裂を生じ、そこから入った雨水などがコンクリートの中の鉄筋を腐食させ、それが膨張してコンクリートを剝離させる。

③ 　ケレン

　古いペンキや鉄錆を除去すること。一般的には塗装時の下地処理（素地処理）工法で、塗装面の種類によってケレンの種類、工程が異なる。

④ 　モルタル

　セメントに水及び砂（細骨材）を練りまぜた材料のことをいう。仕上用・下地用・張付け用・保護用等々用途は広く、セメントモルタルともいう。

⑤ 　エキスパンション・ジョイント

　長大な建物について、地震などによる揺れなどの影響を避けるため、ま

た温度変化による伸縮の影響を避けるために、建物をいくつかのブロックに分割して設ける、相対変位に追随可能な接合部のこと。この部分に用いる配管などは「伸縮継ぎ手」という。マンションでは屋根（屋上）、廊下、階段回りに多く取り付けられているが、劣化しやすく、また故障しやすいところなので、日常の点検・管理では重要な部位となる。

⑥　ジャンカ

　コンクリートの打設において、コンクリートの表面に粗骨材のみ集まり、空隙になった不良部分をいう。型枠の隙間からモルタル分が漏出したり、コンクリートと骨材との分離や突き固めの不十分な場合に生じやすい。「巣あな」「豆板」「巣」「あばた」ともいう。

⑦　コールド・ジョイント

　コンクリート打設のとき、打継ぎ部分でないのに、前のコンクリートが硬化してから、後のコンクリートを打継がれることによって生ずる不連続面をいう。コンクリートがこの面で分離し構造上の欠陥となる。

⑧　コーキング

　材の継ぎ目や窓回り、雨押え周辺の隙間などをパテ状の材料で充填したもの。コーキング材の意味は、昔の木造船の船体の継目に詰めて防水性能を持たせたピッチやまいはだ（古いロープをほぐしたもの等）をさし、コーキングという概念には、本来やむを得ずできる隙間に充填して防水性・機密性を持たせるためのもので、その幅が変動することを特に意識していない。

⑨　シーリング

　合成樹脂または合成ゴムなど弾力性のある物質を、建具回りなどの建物の隙間に充填して水の浸入を防ぐこと。シーリングは、意図的に動きを計画した目地に充填して水蜜性を持たせることをいう。シーリング用の材料を、シーリング材、またはシーランド、あるいは俗にシール材と言っている。

⑩　クラック

亀裂のことで、物体に外力が作用したとき、または乾燥収縮、膨張等の内部応力が作用したときに、許容変形量をこえて変形して生ずるひび割れ。軀体の表面やモルタル等の表面に生ずるひび割れをヘヤークラックといい、軀体の内部から生ずるものを構造クラックという。

⑪　養　生

工事箇所や工事作業部分、仕上げ面等を保護すること。その他工事現場における危険防止処置のこと。

⑫　オーバー・ホール

機械等を分解、清掃すること。

これも私自身の反省なんですが、話す場合は意識してゆっくりと話すようにする、ということも相手に正確に理解してもらうためには心がけるべきことかと思います。こちらは、分かっていることなので、つい一方的に早口でしゃべってしまいがちですが、相手の方は初めて聞く内容だったりする場合もありますので、相手が理解しやすいように、また、相手の理解度を確認しながら話す必要があります。場合によっては、同じ話の内容を別の面からも繰り返し説明をするということも必要かと思います。

③　相手の立場の尊重

マンション居住者にもいろいろなレベルの方がいまして、マンションに住んでいても区分所有法のことを全く知らない方もいるわけです。このような場合でも、「こんなことは当たり前だ。この忙しいときに何でこんな質問をしてくるんだ」とイライラした応対をすることはいけません。相手の立場を考えながら、相手のレベルに合わせながら誠意をもって対応することが必要です。

2 管理会社の基本姿勢

① 気配りのある対応

＊ 迅速・的確に業務を遂行することは当然のことであり、さらにもう一歩踏み込んで「気配りのある対応」が求められている。

　管理会社として依頼された業務を処理することは当然のことです。今はもう一歩踏み込んだ対応が求められるということです。例えば、入居者のマナーが悪いので、注意文書を管理会社の方で作って掲示してくれと理事長から依頼されたとします。単に、手書きで注意文書を作ってもいいんですが、少しでもマンション入居者に掲示文書を読んでもらおうと思ったら、堅苦しい文章だけではなく、イラストをいれたり、カラーにしたり、あるいは長期間掲示できるように作成文書をパウチ（ラミネート加工）したりとか、いろいろ工夫できると思います。せっかく文書を作成して掲示しても、手書きの文書があっちこっちに貼ってあるだけでは、かえって汚らしく見える場合があります。これが気配りのある対応の例かと思います。

　設備点検の例で言いますと、例えば揚水ポンプの設備点検をしていて点検の結果、異常値が出ていたとします。そこで、そろそろポンプをオーバー・ホールした方がいいですよと、ポンプが完全にダメになる前に管理組合側へ事前に提案することも必要です。ここで「オーバー・ホール」の意味ですが、ポンプを新品に取り換えることではなくて、部品の分解清掃をし、摩耗している部品を取り換えることです。オーバー・ホールの方が、新品に取り換えるよりも安く済みますね。ポンプの痛み具合によっては、オーバー・ホールよりも、この際新品に取り換えたほうがいいという場合もありますが。揚水ポンプは通常はNO１とNO２の２台で自動交互運転をしていますので、１台ずつオーバー・ホールをしていくということになります。これは、「予防保全」という

ことになります。このように、木目細かく適確にメンテナンスしていけば、10年、15年ももっているマンションも実際にあるわけなんです。一応管理会社はプロとして管理委託料をもらって仕事をしているわけですから、いろいろとアドヴァイスをしたりとかコンサルタント的な業務を求められるわけです。

　(注)「予防保全」と「過剰修繕」について　　管理会社として、建築・設備の点検を委託されて日常業務の中で劣化状況をつかんでいるわけなので、「予防保全」の考え方は重要である。例えて言えば、管理会社は医者の立場で、建物が完全に重病でダメになり、多額の入院費がかからないように、建物が風邪をひいた初期の段階でいろいろとアドヴァイスをしたり、処方箋を書いたりするということになろうか。

　しかし、「過剰修繕」については、マンション住民はもちろんのこと、我々管理会社に身を置く者としても、この業界の健全な発展の為に気を付けなければならない点がある。特に安易な「修繕ブーム」の中で、専門家と称する塗装業者が建物が劣化していないにもかかわらず、一定の年数が経ったら機械的に塗装工事の営業に来て、素人であるマンション住民を騙してしまうこともある。これに、管理会社も騙されるということではいけない。まして、管理会社が先頭を切って、マンション住民を騙してしまうということがあってはいけない。

　ここで、かなり早い段階から、安易な「修繕ブーム」について警鐘を鳴らしていた建築家・井上博氏の文章があるので、長くなるが以下で引用する。

　ここ数年、建築界では「維持管理」「長期修繕計画」「大規模修繕」という3大テーマによる講演会、セミナー、シンポジュウム、特集があちこちで繰り返されている。……(略)

……「築後10年」の迷信

　しかしながら、この「修繕ブーム」は、建築界にとってたいへん重大な

問題を抱えているいることを私はここに強調したい。というのは、このブームのお蔭で建築の品質、特に耐久性に関しての歪められた常識が、世間並びに建設業界に定着しつつあるからである。

　今、「築後10年」というのが合言葉のように使われている。「築後10年にもなるんだから、雨が漏っても仕方がない」とか、「もう10年経ったから外壁のやり替えをしなきゃならない」といった具合である。マンション居住者は素人だから仕方ないとしても、プロである防水業者や塗装業者までが、「もう10年経ってますから屋根防水のやり替えをなさった方がいいんじゃないですか」とか、「なにしろ入居されてからもう10年も経っているでしょう」などと言って改修工事を勧めているのには驚く。

　近視眼的には需要の掘り起こしとか、積極的営業などと格好よく言えるかも知れないが、その実は業界の信用を自ら放棄していることに気付かないのだろうか。

　この「修繕ブーム」以前には、わずか10年で屋根防水がダメになるとか、5、6年で外壁に錆鉄筋が露出（爆裂）するなどという話は聞いたことがなかった。そんなことになったら、施工業者は大変恐縮して「すみません。無償で修理しますから、どうかこんな事故はなかったことにして下さい」というのが業界の常識であった。施工者としても世間の信用が第一で、5年や10年で自社の作品に何か問題が生じれば、保証書の有無にかかわらず直ちに徹底的な対策を講じるのが当たり前であった。

　ところが、デベロッパーという仮親的な施主、一時的な所有者が現われ、竣工引渡しを受けた後に不特定多数の人に切り売りするという、これまでにないシステムが生まれた。分譲が済んでしまえば、建物の所有者は1人のデベロッパーから多数の区分所有者に移る。そうなると区分所有者は、もはやデベロッパーにとってもゼネコンにとっても、魅力ある「次のお客様」ではなく、単なる「用済みの人たち」となるから、対応の態度がガラリと変ってしまう。

安易な修繕の陥穽

建物の不具合が瑕疵であるのかないのか、入居後2、3年目の不具合が建物としての常識であるのかないのか——こうした見分けがさっぱりつかないのは、素人としては当然である。これに対して販売者はまともに対応してくれないし、施工会社に駆け合っても、素人には難解な技術用語を駆使して、いつの間にかいいくるめられてしまう。そんな途方に暮れた素人集団の前に現れたのが、これまでゼネコンに遮られて直接には施主との接触がなかったサブ・コン、つまり専門業界である。こうして、前述の信頼と保証によるつながりとはまったく別の形で、区分所有者群と専門業者とのつながりができたのである。

区分所有者でなく単独のオーナーであれば、当然、瑕疵として追及されたであろう不具合も、今や責任の追及なしで現象への対策のみが求められた。例えば、雨漏りを例にとってみても、設計の不備や施工の不手際などの原因は追及されず、防水押えコンクリートの上に無神経に、いわゆる防水塗料を塗りまくるだけというような膏薬貼り療法が、正しい治療法であるかのような風潮が出始めたのである。その結果、専門業者は、販売者やゼネコンに見放されて絶望していた区分所有者群から感謝され、ゼネコンを通しては絶対に得ることのできなかった単価での工事代金もキャッシュで手に入るようになった。ただ、この次にいつ雨漏りが再発するかは、神のみぞ知る……。

このような形で、いわゆるリフォーム業という工事部門が徐々に生まれてきた。最初は処女のごとく、目下は脱兎の如く大隆盛となりつつある。

従来は、自社の工事の不始末は無償で解決しなければならなかったから、そのための出費はいわば「授業料」としての出費と看なされていたし、またこのことが施工技術の向上へのバネとなり、技術低下へのブレーキともなっていた。

しかし、このような責任と原因の追及は行なわれず、単に現象の一時的解決だけで商売となる。おまけに自社の不始末の尻ぬぐいではなく、他社の不手際の結果の安易な後始末がよい商売になる、ということになって来

た。これは建築業界全体にとっても、また各種の専門業者にとっても喜ぶべきことであろうか。デマも三度放送されればデマではなくなる。最初のうちは、「10年目に大規模修繕のために大金を消費する？そんな馬鹿な」と一笑に付していた私ですら、この頃は何となくそんな気になりつつある。ここらでもういっぺん、眉に唾をつけてよく考え直してみよう（「建築知識」1986年、10月号　特集長期修繕計画のすべて、井上博氏執筆部分67〜68頁）。

② 管理組合は顧客である
　＊ 管理会社は区分所有者（管理組合）が顧客であるという感覚がなくなってしまう。

　これは書いてある通りなんですが、どういうことかと言いますと、残念ながら一部の管理会社には当てはまるのではないかと思います。
　私は管理会社の出身で日本ハウズィングにいました。管理会社というのは、ほとんどがマンション・ディベロッパーの子会社として設立されるケースが多いんですが、日本ハウズィングは管理業界の中では珍しく独立系なんですね。業界他社からは一匹狼と言われることもありますが。独立系で、親会社からのマンション供給がないにもかかわらず、業界第3位で3,767棟、190,008戸の管理実績があります（「マンション管理新聞」平成12年4月25日・5月5日、第476号より。平成12年3月末現在の総合管理戸数）。
　独立系の管理会社にとっては、自社のディベロッパーがないので、いろいろな他社のマンション管理を受注しなければならないので、新規物件を受注するにはかなりの営業努力を必要とするわけです。そのようなことから、もし管理物件で大きなクレームがあり、管理会社変更などということになれば大変なことなんです。管理を切られるということはとんでもない。絶対に管理を死守せよ、というのが社長の指示でした。管

理委託料や業務内容について徹底した見直しを行いました。絶対に営業が苦労して受注した管理物件を切られるようなことがあってはダメだと厳しく叱られました。

　(注)　**管理会社日本ハウズィングについて**　ここで、管理会社日本ハウズィングについて、若干のコメントをしておこう（ただし、これは私が勤務していた当時の話であり、現在は社長も変っているので、現在もこの通りかは、分からない）。

　独立系でありながら、これだけの管理実績を築いてこれたのは、故井上社長のリーダーシップ及び人徳によるところが大きいと思う。社長は、「現場が大事である。特に、現場の管理員さんが大事である」とことあるごとに社員に言っていた。また、ご自身も現場に足を運び、管理員さんの旅行や慰労会があれば積極的に動かれていたし、いっしょに酒も飲んでいた。

　このやり方は、管理のポイントをついていると思う。つまり、マンション居住者は何を見て管理会社を評価するかと言えば、まず第1が現場の「管理員」であり、その次が担当「フロントマン」である。皮肉な言い方をすると、フロントマンが多少頼りなくても、現場の管理員が優秀であれば管理会社の評価は高いということになる。一般的に、管理業界では管理レベルについては東急コミュニティーが優秀であると言われているが、「管理員」については日本ハウズィングが上ではないかと（私個人は）思っている。さらに言えば、管理員同様に社員のレベルも（当然バラつきがあるが）優秀であると思う。とくに、N部長は、法律、建築、会計等のマンション管理に関するハイレベルの知識及び実務知識をもっており、おそらく管理業界でN部長にかなう人はいないであろうと思う。私は個人的にN部長の不肖の弟子であると一方的に思い込んでいますが。

　逆に一部の管理会社では、特別な営業努力をしないでも親会社からト

コロテン式に管理物件が回ってくるようなところも多いのではないでしょうか。そのようなケースでは、贅沢な悩みと言いますか、もう管理が手いっぱいだから新規物件はいらないというようなことを言っているフロント担当者もいるのではないでしょうか。

　今は、バブル崩壊等で新規物件の着工件数も少なく（ただし、住宅政策や金利・住宅税制のてこ入れにより、マンション・ブームは周期的にやって来てはいますが）、管理会社が管理受注できる供給量も減っているのではないかと思います。そのような状況では、他社管理の中古マンションを取ろうという動きも活発化しているのではないかと思います。他社でいい加減な管理をしている物件があれば、それをひっくり返して自社で管理受注しようということで、中古マンション受注の営業を強化している管理会社もあります。要は、管理会社も親会社から黙っていても物件が回ってくるような牧歌的な時代は去って、今は冬の時代（例えて言えば「食うか、食われるか」の弱肉強食の時代）であるということを認識する必要があります。

　ところが、一部の管理会社では親会社からトコロテン式に物件が回ってくるので、マンションを管理できる有り難みが分からないと思います。まして、当然に管理受注して管理がスタートし、管理組合の入居者がいるという構図になりますので、「管理組合は顧客である」という感覚はないのではないかと思います。営業が死に物狂いで（これは大げさな表現かもしれませんが）、新規物件では、数社の管理会社と競合するということは当たり前なんですね。この中で他社よりも少しでも有利にするために、管理業務の内容や管理委託料を厳しくチェックし、多大な営業努力をしているわけです。

　このような営業努力をして受注した物件なので、管理を切られるなんて、とんでもないということになります。このようなことをよく理解したうえで、「管理組合は顧客である」ということを充分に認識していた

だく必要があると思います。

③　コンサルテーション業務
　　＊　管理業務は、「事務管理業務」、「管理員業務」、「清掃業務」、「設備管理業務」に大別できるが、従来のこのような業務に加えて今やコンサルテーション業務が必要となっている。

　管理業務は、「全部委託」の場合であれば、事務管理業務、管理員業務、清掃業務、設備管理業務のいわゆる４点セットを管理組合から委託されるわけです。管理会社である以上、プロとして業務を任されているわけですから、これらの業務ができることは当たり前のことです。当たり前のうえに、さらにコンサルテーション業務も必要となっており、逆にコンサルテーションができない会社はいらないということになります。今は、大手管理会社はますますその管理戸数を延ばしており、上位10

マンション総合管理受託戸数ランキング

（平成12年3月末現在）

	管理会社	組合数	棟　数	戸　数
1	大京管理	5,143	5,143	260,281
2	日本総合住生活	1,114	11,926	214,685
3	日本ハウズィング	3,337	3,767	190,008
4	東急コミュニティー	3,077	3,782	184,793
5	長谷工コミュニティ	1,637	1,863	134,449
6	ペニーエステートサービス	1,296	1,296	90,428
7	ダイア管理	1,479	1,499	76,993
8	住友不動産建物サービス	1,266	1,567	76,717
9	三井不動産住宅サービス	1,187	1,552	73,608
10	藤和コミュニティ	1,474	1,625	72,633

増加戸数ランキング　（平成12年度）

	管　理　会　社	増加戸数
1	日本ハウズィング	14,446
2	大京管理	12,682
3	東急コミュニティー	9,571
4	住友不動産建物サービス	8,843
5	三井不動産住宅サービス	6,524
6	コスモスライフ	6,425
7	合人社計画研究所	5,840
8	野村住宅管理	4,296
9	ダイア管理	4,216
10	穴吹コミュニティ	3,966

社でシェアの38％を占めています。だんだんと、淘汰といいますか、今は銀行関係が吸収合併でシビアな状況になっていますが、管理会社についてもコンサル業務ができないような会社であれば、そのうち存在価値がないと言われるような時代になってくるのではないかと思います。

　これはなかなか難しいんですが、コンサル業務ができるということは、区分所有法及び関連法規はもちろんのこと、営繕工事関係でもいろんな補修工事のアドヴァイスができるということだと思います。

　しかし、管理会社の一般的傾向としては、まだまだ基本業務である事務管理業務、管理員業務、清掃業務、設備管理業務を当たり前のことですが、当たり前のことがいかに当たり前に確実にできるか、その辺に重点を置いて徹底してやるべきではないかと思います。

　（注）　平成12年度マンション管理受託戸数ランキング調査

　　平成12年度マンション管理受託戸数ランキング調査によると、上位10社でシェア38％、上位100社でシェア75％を占めている（「マンション管

理新聞」（平成12年4月25日・5月5日）第476号より。平成12年3月末現在の総合管理戸数）。

④ 管理会社の特徴は代行業務である
* 管理会社は、本来、管理組合がしなければならないことを代行しているだけである。あくまでマンションの管理は管理組合が主体となって行うべきものである。

当たり前のことを言っているようですが、このことは管理組合役員にもくどいくらいに説明しておく必要があると思います。そうでないと、一般的に役員の方は素人ですから、何でもかんでも管理会社がやってくれると思うんです。自分たちは管理費ないし管理委託料だけ払っておればよいと、逆にお金を払っているから管理のことは100％やってくれるのが当たり前でしょという感覚の方もいるわけです。いや、そうではないと。お金は管理委託料として頂いていますが、そもそもマンション管理は「自主管理」が原則であり、自分たちで維持管理しなければならない。しかし、それでは大変なので管理業務のお手伝いをする立場として管理会社があるんですよ。あくまで管理主体は管理組合であるマンションの区分所有者であり、理事会が業務執行機関になりますので、理事会が中心となって運営していく必要があると説明する必要があります。例えば、管理会社が出した見積書とか提案内容については、理事会がやるかやらないか最終的に判断して、管理会社を手足として動かすということになるわけです。我々管理会社はあくまでも管理組合の代行であるということですね。この管理会社の立場というのは、くどいくらいに最初の、特に理事会役員になられたばかりの方へ説明する必要があるのではないかと思います。

（注）マンション管理の原則は「規約自治」に基づく「自主管理」である
区分所有法では、そもそもマンションの管理運営をマンション住民自身で行っていくことを予定している。管理会社はあくまで管理運営の代行で

しかない。しかし、実務の上では、全部委託が約7割を占めており、このことから、全ての面で管理会社が何でもかんでもやってくれるだろう、と誤解しているマンション住民が多いことも事実である（山畑哲世『マンション管理法入門』（信山社、1998年）4頁を以下で引用する）。

　マンションの管理運営は、原則として「規約自治」に基づく「自主管理」である。しかし、建築・設備についての専門的知識や資格がないと実際の管理運営が難しいため、その業務を管理会社等の外部の専門家に委託することになる。**どの程度外部の業者へ委託するかにより、**(i)「**全部委託**」(ii)「**一部委託**」(iii)「**自力管理**」**に分類できる。**

　できれば、費用負担等を考えると「自力管理」が望ましいが、この方式は規模の小さなマンションや、居住者の中にたまたま専門家がいる等の恵まれた条件がないと難しい。したがって、全国のマンションの約8割程が、管理会社等の専門家へ管理業務を委託しており、その中でも「全部委託」の占める割合が大きい（「全部委託」の業務内容は、①事務管理業務、②管理員業務、③清掃業務、④設備管理業務からなっている）。

　なお、「自主管理」と「自力管理」を混同し誤解している人が多いが、「**全部委託**」の方式であろうが、**管理組合の運営は「自主管理」であり、区分所有者が主体となって運営管理の責任を負うことになる。**具体的に言えば、全部委託により管理会社に管理業務のほとんどを委託した場合でも、全て管理会社だけの判断で工事等を独断的にできるわけではない。理事会の役員によるチェック及び承認、総会でのチェック及び承認により、はじめて管理会社は工事等を実施できるのである。要するに、マンション住民は管理運営の手足として管理会社を使っているのであり、判断・チェックするための頭も管理会社へ委託しているわけではない。

　その最初の説明を面倒くさいからと省略してしまい、最初にボタンを掛け違えた状態でいると、本当に管理業務で問題が発生した場合に、理事会役員の方は、我々は素人であって管理会社からは一切このようなこ

とは聞いてなかったとか、もう少し明確に教えてくれればこういうやり方はしなかったのにとか、逃げに回ってしまうんですね。管理が順調に運営されているときはいいんですが、例えば他の区分所有者から理事会に対して「何でこんなやり方をするんだ！」と突き上げられたときに、いやこれは管理会社が勝手にやったことであり、自分たち役員は一切知らないということになる。このようになる場合もたまにありますので、その辺は注意した方がいいと思います。

⑤　管理会社のスタンスはあくまでも黒子に徹することである
　　＊　管理会社のスタンスというのは、あくまで管理組合に主体性をもってもらい、黒子に徹して側面よりいろいろと指導をしていくということである。

　これは、④「管理会社の特徴は代行業務である」で説明したことがそのまま当てはまると思います。1つだけ具体例でいいますと、管理組合の総会というのは本来は理事会役員が中心になって各議案の内容の説明をしたり、それぞれに役職分担をして行うというのがあるべき姿なんですね。そして管理会社は裏方に徹して理事会役員が議案内容の説明を行っている中でさらに詳しい説明を求められた場合に、はじめて補足説明をするというのが本来の姿なんです。ところが、皮肉なことにほとんどの総会が管理会社の社員が前面に出てきて、なかには管理会社が議長になって一方的に総会を進めているマンションもあるのではないでしょうか。これは悪い例ですね。しかし、理事会役員が全くやる気がなかったり、100％管理会社任せだったりして、管理会社の方でも本来はこのようなやり方は良くないことは分かっていても、何も役員がやらないから仕方なくやっている場合も多々あります。しかし、管理会社のスタンスはあくまでも黒子に徹することであることを忘れないでいただきたいと思います。

⑥　勝負は1年であり、「総会に始まり総会に終わる」
　　＊　管理委託契約は一般的に契約期間は1年間である。1年1年契約を更改していくようになっている。無条件に毎年自動更新されているためにこのことを忘れがちであるが、あくまで勝負は1年である。特に引渡し後6ヶ月間は最重要である。
　　＊　管理会社にとって総会は闘争の場である。

　一般的には、何回か理事会を開催し、総仕上げとして年1回の総会があります。フロントマンとしては1サイクルの区切りである総会がいかに皆さんに満足してもらい、フロント担当としても自身をもって堂々と1年間やってきた業務内容が説明できるかどうか、これが良いか悪いかで自分の仕事の成果が試される場になります。ただ単に総会があるから、あるいは年1回の決算を締めなければならないから総会をやるということではないんです。

　ここで管理委託契約について若干の説明をしますと、管理委託契約は一般的には委任契約と請負契約の混ざり合った混合契約であると言われていますが、管理会社の業務内容の比重からいいますと委任契約なんですね。委任契約というのは、いつでも契約を解除することができるんです。そういう管理会社にとっては、恐ろしい契約なんです。今の管理委託契約の契約期間については、契約の自動更新条項があって、3ヶ月前までに管理組合及び管理会社から契約を更新しない旨の書面が提出されないかぎり自動的に更新されるという文言になているケースが多いと思います。しかし、契約を更新しない旨の申出があれば、自動更新されないんです。そのような恐ろしい契約になっていまして、お互いの「信頼関係」（という非常にあやふやな？）関係から成り立っているものなんです。ですから、理事会役員の方から管理会社に対して契約不履行だとか、善管注意義務違反だとか、いろいろと業務内容の不手際を指摘されて今年限りで管理は終わりですよ、と言われることもあるわけです。ですか

ら、そうならないためにも当たり前のことですが、フロント担当としては自分がやってきた1年間の業務を評価してもらうという意味で、堂々と今までやって来たことを説明し、総会の場でいろいろと質問されても自信をもって答えられるということが必要です。

(注) **管理委託契約の法的性質** 管理委託契約の法的性質について解説しておこう。

(1) 概　説

委任と請負の混合契約であるといわれているが、「委任」というのが、通説・判例の考え方である。最近の判例では、管理委託契約の解除をめぐって、管理組合と管理会社との間で紛争になった事例があるが、ここでも管理委託契約は「委任契約」であるというのが、裁判所の判断である（大阪高判平6・6・29）。この事例では、管理会社の方が「請負契約」の主張にこだわりすぎて、「委任契約」による民法651条2項による損害賠償の主張をしなかった等の訴訟手続きのまずさが指摘されている。したがって、管理会社の立場としては、管理委託契約は「委任契約」であるとの考えのもとに日常業務に取り組む必要がある。

㈳高層住宅管理業協会「マンション管理基礎講座（第1編）」（昭和62年）92〜94頁では、次のように解説されている。

管理に関する契約には、請負（民法632条〜642条）にもとづく場合と委任（民法643条〜656条）にもとづく場合とがある。

請負とは、「当事者の一方（請負人）がある仕事を完成することを約束し、相手方（注文者）がその仕事の結果に対して報酬を与えることを約束することによって成立する契約」であり、諾成・有償・双務契約である。建設工事の請負契約はその典型である。

一方、委任とは「当事者の一方（委任者）が法律行為その他の事務処理を相手方（受任者）に委託し、相手方がこれを承諾することによって成立する契約」で、統一的な労務の提供を目的とする契約である。委任は原則

として、無償・片務契約だが、実際には有償・双務契約である場合が多い。

　分譲マンションの管理委託という場合、事務管理業務、管理員業務、清掃業務、設備管理業務を管理会社が一括して受託することをいうが、この場合

　①　事務管理業務は、管理に関する事務処理を継続的かつ反復的に行うものであり、その内容及び性質からみて、委任契約と解することができること

　②　一方、事務管理業務以外の業務は、仕事の完成を目的として行なわれているのであり、請負契約と解することができること

　③　しかし事務管理業務以外の請負的に行なわれる業務の処理に関する事務（業者の選定、契約の締結、費用の支払い、業務実施状況及び実施結果の監理等）は、事務管理業務の一環として継続的かつ反復的に行なわれていること

等の理由により、管理業務の実施に係る管理委託契約の法的性質は、委任契約または無名契約の中の混合無名契約（典型契約である委任と請負の混合）であるとされる。

　なお、標準契約書は委任契約として民法の委任の規定に則っており、委任事務を処理するために必要な費用の前払請求権（民法649条）、費用を立て替えて支出したときの立替費用償還請求権（民法650条）、受任者として一般的に要求される専門的知識及び能力に関して当然に払うべき注意義務とされる善管注意義務（民法644条）、事務処理に関する報告義務（民法645条）の規定を置いている。

(2) 労務供給型契約（委任・請負・雇傭）の比較表

	委 任 （民法643～656条）	請 負 （民法632～642条）	雇 傭 （民法623～631条）
定 義	委任契約とは、当事者の一方（委任者）が法律行為をなすことを相手方（受任者）に委託し、相手方がこれを承諾することを内容とする契約をいう（643条）。	請負とは、当事者の一方（請負人）がある仕事を完成することを約し、相手方（注文者）がその仕事の結果に対して報酬を与えることを約する契約をいう（632条）。	雇傭とは、当事者の一方（労務者）が相手方（使用者）に対して労務に服することを約し、相手方がこれに報酬を与えることを内容とする契約をいう（623条）。
給付内容は？	一定の事務処理 仕事の完成を目的とする契約ではなく、委託された事務を処理すること自体を目的とする。	仕事の完成 労務そのものが契約の目的ではなく、労務の結果としての仕事の完成が目的である。仕事が未完成に終われば報酬を請求できない。	労務の供給 労務それ自体の供給を目的とする。
労務供給者の主体性はあるか？	主体性あり	主体性あり	主体性なし
双務・片務契約の区分	片務契約 （双務契約もある）	双務契約	双務契約
有償・無償契約の区分	無償契約 （有償契約でもよい）	有償契約	有償契約
解除はできるか？	いつでも解除できる（651条）	請負人が仕事を完成するまでの間は、注文者はいつでも、損害を賠償して解除できる（641条）。	期間満了による終了の他に、期間中の解除もやむを得ない事由がある場合は、認められる。但し、労働法による制限がある（626～628条）。
解除の遡及効	無	有	有

(3) 委任・請負・雇傭を「労務提供型の契約」グループ分けて理解するのはなぜか

　民法では、13種類の典型契約が定められている。しかし、契約については、「契約自由の原則」が認められているので、当事者は民法の契約に関する規定と違う特約をすることができる。民法の規定した13種類の契約は、当事者の締結した契約内容が不完全・不明瞭な場合には、補充・解釈する必要があるので、最も典型的な契約を規定して、解釈の標準を示したものである。

　民法の規定した13種類の契約は、いくつかのグループに分類することができる。①贈与・売買・交換からなる「売買型の契約」グループ、②消費貸借・使用貸借・賃貸借からなる「貸借型の契約」グループ、③雇傭・請負・委任からなる「労務提供型の契約」グループ、④寄託・組合・終身定期金・和解のその他グループ。

　それぞれの契約内容を個別理解するよりも、例えば「売買型の契約」の代表である売買契約を中心に置いてさまざまな制度・問題について理解し、そしてその後で「貸借型の契約」と「労務提供型の契約」について、売買契約と対比してそれぞれの特色を理解する。また、それぞれの契約グループの中でも各項目ごとに対比しながら理解する。このように、学習したほうが思考経済上合理的である（LEC・東京リーガルマインド『民法の読み方』〔日本実業出版社、1988年〕49～52頁）。

(4) 委任契約は各当事者においていつでも解除できるとはどういう意味か

　（以下の説明は、井上英治『民法コンメンタール・債権各論』〔法曹同人〕参照）

　(a)　民法651条では、次のように規定されている。

「①　委任は各当事者に於て何時にても之を解除することを得。

②　当事者の一方が相手方の為に不利なる時期に於て委任を解除したるときは其損害を賠償することを要す。但已むことを得ざる事由ありたるときは此限に在らず。」

本条により、各当事者に無理由解除権を認めた趣旨であるが、次のように説明される。委任は当事者間の人的信頼関係を基礎とする契約であるから、相手が信頼できなくなったにもかかわらず、委任を継続させるのは、双方にとって堪え難く、無意味でもあるので、特別の事由を示さなくとも、委任者・受任者双方から自由に解約できることとした（651条1項）。これによって、損害賠償義務も生じないがただ、相手方に「不利なる時期」に解除した場合は、損害賠償義務を生ずる（651条2項）。この場合といえども、解除につき、やむをえない事由がある場合には賠償しなくともよい（651条2項但書）。

　(b)　受任者の利益のためにも締結された委任契約の場合も、委任者は651条1項に基づく解除をなしうるか。

　委任者の意思に反して事務処理を継続されることは、委任者の利益を阻害し、自己の事務を他人に信頼しつつ委託するという委任契約の本旨に反するから、受任者の利益のためにも締結された委任契約の場合でも、委任者は651条1項に基づいて自由に解除権を行使でき、これによって生ずる受任者の不利益は損害賠償によって補塡すれば足りる。

　(c)　相手方の債務不履行を理由とする委任契約の解除が無効であるとき、651条による解除としての効力はあるか。

　委任契約の当事者は相手方の債務不履行を理由として、一般的な解除権（541条）を行使しうるが、その場合、債務不履行の事実がなかったとしても、無理由解除としての本条による解除の効力は認められる（大判大3・6・4）。

　(d)　無理由解除をなしうる時期につき、制限はあるか。

　制限はない。但し、相手方に不利な時期に解除する場合は、損害を賠償する必要がある。しかし、これもやむをえない事由のある場合は不要である。なお、損害の賠償は解除の条件でもなければ、また、予め損害を賠償しなければ解除ができないものでもない。

私自身、フロントマンをやってましたので、自戒の念を込めてですが、

総会でいろいろ議題をあげますね。具体的には、事業報告、決算報告承認の件、事業計画案承認の件、予算案承認の件、役員選出承認の件等、マンションによっては、この他にも議案がある場合もありますが、通常の決算・予算等の議案であれば、議案は承認されて当たり前なんです。問題がなければ総会はシャンシャンと終わります。もし、問題があったとしてもいろいろと質疑応答しながら、いやこういう事情で6月に改修工事をやりましたとか、改修工事をやるにあたっては数社から相見積りを取って理事会で比較検討したうえで業者の決定をしましたとか、理事会で何回も協議したうえでこの発注金額に決定しましたとか、それについては理事会の議事録や組合ニュース等の広報で事前にお知らせしている通りですとか、いろいろと裏付けになる資料を用意しておけば特に問題はないのではないかと思います。

　しかし、たまにといいますか、提案議案が否決される場合もあります。管理会社にとって、議案が否決されるというのは恥ずかしい話なんです。それじゃ説明している私の方はこのようなことはないのかと言われると、私自身は否決された経験があります。どういう形で否決されたかといいますと、びっくりするかも知れませんが、決算書の数字が違っていたんですね。しかも5円の違いだったんです。ある区分所有者の方が、この方はそもそも分譲主と管理会社の業務内容に不満を持っている方だったんですが、俺は1円の違いでも許さんといきりたったために、5円の違いだったので、決算書の修正ということで対応できたケースではあるんですが、改めて後日臨時総会を開催して承認してもらったという例があります。

　総会の資料というのは非常に重要な書類でして、フロントマンにとっては最後の総仕上げの総会の場で区分所有者の皆さんに今までやって来た仕事の内容を説明するお手紙であると私は思っているんですが、残念ながらミスプリントとかありますし、議案内容説明の文章の言い回しで

も、もっと工夫すべき点も多いかと思います。その中でも特に数字のミスは許されません。たまにミスプリントをして謝る場合もあります。それで許していただける場合もありますが、なかには本当にシビアな方もいて、1円のミスも許さないということもあるわけなんです。

　次に、「**特に引渡し後6ヶ月間は最重要である。**」ということです。6ヶ月の間ですね、特にこれは気をつけ過ぎてもよいぐらいのことなんです。一般的には、マンション竣工後、管理組合役員を選んで役員にお伺いを立てながら管理業務を実施していくことになります。しかし、役員が選出されるまでの間は、管理会社が管理者の立場で管理業務を実施しなければなりません。マンション管理はマンションが竣工すれば待ったなしですぐ始まるわけですから、日常の管理運営を含めて役員が選出されるまでの間は、管理会社の方で運営していかざるを得ないんです。もちろんこれは、それなりの根拠に基づいて実施していることでして、管理規約の承認書の中にも次のような文章が書かれているケースが一般的かと思います。

　「本物件の最初の売買契約成立後、管理組合の理事長が選任されるまでの間、〇〇管理会社を区分所有法に定める管理者とする。」

　「本物件の引渡し後、第1回管理組合が発足するまでの間、〇〇管理会社が管理業務を行うものとする。」

　このように最初は管理会社が管理者の立場で業務を行うことになりますので、その間の業務内容が適正に行われるかチェックする必要があるわけです。やり方を間違えますと、後で突き上げをくうことになります。例えば、備品をやたらと購入しすぎたりとかした場合は、その購入内容はおかしいとか、備品の購入代金を返金してくれとか言われかねません。

　管理組合立ち上げの数ヶ月間は、特に気を使ってチェックリストをもとにチェックするなりして、この点は抜けてないかとか、とくに管理会社が管理者（理事長）の立場で業務を行うという面もありますので、最初

の頃は厳しくチェックしていく必要があると思います。当初、管理内容について計画していたとしても、マンションは実際に動いてみないと分からない面もあります。共用設備の使い勝手が良いか悪いかとか、自転車の収容台数に問題はなかったかとか、人と車の動線計画は問題ないか等のハード面はもちろんのこと、ゴミ出し等の日常生活でのマナーの問題等のソフト面のチェックも必要です。その内容によっては、当初の管理計画を修正しなければならないケースも出てくると思います。このように実際にマンション管理が適正に行われているかチェックしながらやる必要がありますので、管理が軌道に乗るまでの最初の6ヶ月間は特に注意が必要です。

　次に「**管理会社にとって総会は闘争の場である**」と何やらすごいことのようですが、これは、私が言っているんではなくて、渋谷氏が『分譲マンション管理・管理組合との対応実務マニュアルと書式文例集』(環境企画、平成9年)の中で言っていることなんです。

　その部分を読み上げてみましょう。「……管理組合は年1回総会を行う。従って、管理会社の仕事というのは『総会に始まり総会に終わる』わけである。総会というのは1つのけじめであり、総会は管理会社として言いたいことを公式に主張できる唯一の場である。管理会社にとって総会は何よりも重要な場であることを認識していなければならない。ある会社のケースであるが、総会に担当者を出向かせるときはあたかも出征兵士を送り出すような雰囲気であったことを思い出す。管理会社にとって総会は闘争の場である。そのくらいの心がまえが必要である。『委託料を上げてください。管理報酬を上げてください』と公に主張できるのはここしかない。日頃の業務は総会に向けての根回しの場であるといっても過言ではない。このような厳しい考えをフロント社員1人ひとりにもってもらう必要がある。」(前掲書13頁)

　それぐらいの気持ちでフロント担当は総会に臨む必要があるというこ

とです。私自身も実際にその通りだと思います。変に闘争の場であるという考えを持たれる必要はないと思いますが、自分が担当するマンションで一所懸命1年間の管理業務をやってきて、その総仕上げとして総会があるというのであれば、自信を持って総会に出席できると思います。

　マンションによっては、残念ながら1区分所有者から総会の場で嫌がらせとしか思えないような発言があって苦労することもあるかもしれませんが、基本的に理事会役員と信頼関係でつながっていれば、そのような嫌がらせ的な発言をする方に対して、理事長の方から次のような発言が出ることもあります。「そういった質問はおかしいんじゃないですか。管理会社はこれだけやってくれているじゃないですか。今言った質問というのは、これは我々マンション住民側の問題であり、我々が自分たちで解決すべき問題なんです。管理会社へあれこれと文句だけいうのは筋違いでしょう」と。このようなことを役員から言っていただけることもたまにはあります。

　「総会は闘争の場である」とは、それぐらいの意気込みが必要であるということです。自分のやってきた1年間の業務が評価される。そのなかで出した議案が否決されるというのは、くどいくらいに言っていますが、ほんとうに恥ずかしい話であると思わないといけないのです。

3　フロントマンの業務

① 管理組合理事長とのコミュニケーション
② 管理員とのコミュニケーション
③ 総会・理事会の運営補助（必要書類の作成・提案）
④ 管理組合会計の適正な運営
⑤ 未収金の回収
⑥ 契約管理（駐車場契約等）
⑦ 長期修繕計画の提案（改修工事の提案）

⑧　緊急時の対応
⑨　官公庁などの窓口
⑩　管理組合催事への参加
⑪　マンションの巡回
⑫　アフターサービスの窓口（一般的管理会社）

　次にフロントマンの業務にうつります。では、具体的にどのような業務があるのか。皆さんは当然分かっていることかと思いますが、確認の意味を含めて説明いたします。これは、一応優先順位をつけたような形になっていますが、どれも重要です。

①　まず、第1が「**管理組合理事長とのコミュニケーション**」です。逆に言うとですね、厳しいことを言うようですが、理事長とコミュニケーションが取れてなければ、フロントマンとして仕事をしていないということです。フロントマンというのは、もちろん区分所有者の方全員がお客様ですが、極端な言い方をすると理事長とコミュニケーションをとることがフロントマンの仕事です。さらに言うと、理事会とのコミュニケーションです。それはどういうことかというと、担当マンションによって違うとは思いますが、いろいろとマンションに対して不満を言ったり、あるいは本来の管理業務とは違う施工上の不満を管理会社に対して言ったりする方がいますが、理事会役員とコミュニケーションがとれていれば、理不尽な発言に対して、何でもかんでも管理会社に言うべきことではなくて、我々マンション住民で解決すべき問題だと役員の方で交通整理してくれるんです。例えば、駐輪場の問題でも無茶苦茶増えているのは管理会社の責任だから管理会社の方で何とかしろという話ではなくて、これは自分たちの方が主体的に取り組むべき問題であると、例えば住民全員が協力して不用自転車を一斉に処分しましょう、という話になるのであって、何でもかんでも管理会社に言うのはおかしいよと、

むしろ理事長の方が管理会社をかばってくれたり、ある程度そのへんの交通整理をしてくれるんです。つまり、①分譲主に言うべきこと、②管理会社に言うべきこと、③自分たちでやるべきことの区分をしてくれるんです。

②　第2が、「**管理員とのコミュニケーション**」です。これは、フロントマンが理事長とのコミュニケーションを取るにあたって情報を得るという目的もありますが、フロントマンと同様に管理員も管理の最前（戦）線にいるわけです。むしろ管理員の方が管理の最前線にいますね。管理員としてマンションに派遣されて、常に日常の業務内容をマンション住民から見られている（チェックされている）という面がありますので、本当に気を使う仕事であると思います。ですから、担当マンションを巡回したときに管理上の問題やいろいろな情報を管理員から聞くということも重要ですが、管理員の悩みの相談にのってあげる、あるいは日頃の不満を聞いてあげるということも重要なことです。せっかくマンションを訪問したのであれば、予定していた業務が終わったからといって、さっさと本社へ帰るのではなく、じっくりと管理員と話をするというのもフロントマンの仕事です。これは、「現場と本社の一体性」ということになろうかと思います（これに対しては、逆に管理員の方から私のマンションのフロント担当は全然現場に来ないし、日頃の問題を相談しようと思ってもそんな機会もない。研修会では「現場と本社の一体性」と言うけど、こちらから見るとちっとも一体化していない、と厳しい指摘を受けることもあります）。

　（注）「**現場と本社の一体性**」について　「現場と本社の一体性」は、日本ハウズィングの故井上社長がよく口にしていた言葉である。現場で働く管理員に対する気配りにはことのほか神経を使い、優良・優秀管理員の表彰式、旅行、カラオケ大会などの催しには欠かさず出席されていた。「現

[セミナー第2部] フロントマンの心得　147

場で働く管理員の皆さんの活躍あっての当社です」が口ぐせだった。

③　第3が「総会・理事会の運営補助（必要書類の作成・提案）」ということになります。これをやることは当たり前ですね。資料を出してくださいと言われて出さないということは、逆の立場からいうと管理委託料を払って管理をお願いしているのに、何ら資料の提出や提案がないということは、それでは管理会社に管理を頼む意味がないということになります。そうであれば、自分たちでマンション管理の本を買ってきて多少勉強すれば、ある程度の知識はつきますから自分たちでやった方がいいやとか、あるいは別のもっとアドヴァイスしてもらえる管理会社に頼んだ方がいいやということになってしまいます。

　管理会社として数棟のマンションを管理しているのであれば、それなりのノウハウを持っているのは当然です。こちらの強みは、いろんなマンションを管理することにより、各マンションでのトラブル事例やトラブル予防の方法、問題対処のノウハウの集積があるということが一番の強みなんです（成功事例よりも失敗事例の方が役に立つと考えています。過去の人生を振り返ってみても、失敗事例の方が反面教師として多くの学ぶべき点があったように思います）。

　逆にマンションの住民は、自分の住んでいるマンションのことしか知らない。だから、その限られた尺度でしか問題を見ていない。ですから、誤った判断というか、おかしな判断をするわけです。他のマンションの事例を参考にしたらすぐ解決できるような問題であったとしても一から取り組まなければならない。それで悩んでいるんです。このような意味で、管理会社としては管理マンションの他の事例とか、他社の事例とかをいろいろ出してアドヴァイスするということが必要になるわけです。駐輪場の問題で悩んでいたら、例えば、まず駐輪シールを作って全自転車への貼付を義務づけ、登録自転車とそうでない自転車の区別をし、さ

らに一定の時期に不用自転車の処分をするとか、いろいろなノウハウがあるわけなんですね。

　(注)　**駐輪場の整理**について

　　駐輪場の整理についてはどこの管理組合でも頭を悩ます問題である。「マンション管理新聞」でも、ある一定周期でこの問題の特集を組んでいる。これを見ても分かるように、この問題の解決方法は、ある程度パターン化されている。

＊「自転車公害」解消の手引き——悩める管理組合に適確な判断と対処法を（マンション管理新聞、平成8年6月25日、349号より）

　　手当て①「有料登録制度」の実施—1年ごとにステッカーの貼り替えも
　　手当て②　駐輪場所を指定する—世帯当たりの台数制限も
　　手当て③　委員会を設置、パトロール—利用者自身で問題を認識
　　手当て④　増設で収容台数をアップ—駐輪機により整頓も期待
　　手当て⑤「共用自転車」を設置—利用料金を安く設定する
　　手当て⑥「コンピューター」で利用を管理—規則違反者は停止処分に
　　手当て⑦　コミュニティーの再確認を—ルール徹底に努力してきたか

＊これでどうだ！自転車公害解決策—実践的整理方法からいたずら防止対策まで（マンション管理新聞、平成9年2月25日、371号より）

　Part Ⅰ　まずはルールの確立〜やっぱり基本は「登録・有料制」
　Part Ⅱ　「所有物」ではなく「粗大ごみ」として捨てる！—放置自転車の処分について
　Part Ⅲ　置き方は「固定制」・「流動制」？—自転車稼働状況を調査する
　Part Ⅳ　とにかく自転車を減らす！—駐車場に利用者所有分を移動
　Part Ⅴ　イタズラ・盗難お断り！—防犯体制を整備しよう

＊自転車整理大作戦—増設する前に行うこと（マンション管理新聞、平成10年2月25日、404号より）

　　その1　分別をしよう
　　その2　登録制にしよう

その3　種類を分けよう
その4　置く場所は固定？
その5　場所を見つけよう
その6　みんなで使おう

④　第4が「**管理組合会計の適正な運営**」です。これは非常に重要なことです。日常の管理業務で多少の不具合とか不手際があったとしても、それは直せばすむことです。お客様に謝ってすむことであれば、方向修正し、それなりに改善指導すればいいことです。しかし、お金のミスについては、1円たりとも（私があるマンションで5円の違いで再度総会をやらされたことがあったように）1円のミスも許されない。それぐらいのシビアな気持ちをもってやる必要があると思います。日常の業務の中で間違いがあったら訂正すればいいんですが、お金についてはミスが許されない。管理組合の預金通帳には、お金の出入りが明確になるようにお金の動きは原則として全て記帳されるようになっている会計システムが多いと思います。そうしますと、例えばミスがあって、本来は管理組合の負担でないところを誤って5万円組合会計から支出したとします。すぐミスに気づいて組合口座に5万円を入金したとしても、通帳の上ではお金の出入りが明確に記録として残ります。そこで、会計監査や総会のときに、なぜこのように誤って処理してしまったか明確にその理由を説明する必要があるわけです。つまり、会計上のミスは数字として明確に出てしまいますので、特に管理組合会計については慎重にチェックを重ねて対応する必要があるわけです。

⑤　第5が「**未収金の回収**」です。これについては、管理会社によって対応が違うと思います。ある管理会社ではフロントマンが担当マンションについては最後まで責任を持って対応するというところもあれば、

ある程度の回収困難な状況になると専門部署が対応するというところもあろうかと思います。しかし、いずれの場合でも、管理会社は管理委託契約の中でどこまで対応することになっているのか、とくに未収金回収の責任範囲については、管理組合役員の方やマンション住民の方がよく誤解するところですので、フロント担当としては機会あるごとに説明しておく必要があると思います。

　もちろん対応の仕方は管理会社によって違ってくるかと思いますが、一般的には3ヶ月間、電話・訪問等で催促し、内容証明郵便を出すところまでが管理会社の責任範囲ですね（これは、未収者の未収状況について定期的に理事会役員へ管理会社から報告しているという前提条件のもとでのお話なんですが）。

　内容証明郵便を出しても回収が難しいような未収者に対しては、管理組合と別途特別催促業務の契約を締結して、有償でそれ以降の回収業務を行うことになります。しかし、その場合でも、管理会社ができる回収業務には限界があって、法的対応といっても支払督促や少額訴訟程度になるかと思います。複雑な案件は、専門の弁護士へ相談・依頼することになります。ここでも管理組合役員は誤解している部分がありますので、有償で管理会社が特別催促業務を継続して引き受けるに当たっても注意が必要です。どういうことかといいますと、法的対応をとるというと、すぐにこれで未収金が回収できると短絡的に思い込んでしまう役員がいるんです。例えば、支払督促や少額訴訟を提起して、勝訴判決を得たとしても、本当に回収できるかどうかは分からないんです。勝訴判決（債務名義）が、あっても払ってくれない場合は、勝訴判決をもとに執行裁判所へ強制執行をお願いしなければなりません。さらには、強制執行できたとしても未収者にたいした財産がなければどうしようもないわけです。ただ、手間暇だけがかかったということにもなりかねません。ですから、例えば管理会社の方で特別催促業務として支払督促や少額訴訟を

やるとしても、これらはどう言った手続きになり、どういったメリット・デメリットがあるのか十分に説明をしたうえで手続きを進める必要があるわけです（もっと明確に言うと、一応法的手続きは取りますが、100％回収できるかどうかは分かりません、と説明する必要があるわけです）。よく管理組合役員は我々役員はどうせ素人だから、プロの管理会社にまかせるよ、という場合があります。もちろん、プロとして信頼されることはいいのですが、とくに未収金回収の法的対応には高度の法的知識や実務的な技術的知識が要求されますので、管理会社も素人であり、限界があることを明確にすべきです。

　(注)　未収金の回収についての補足説明
　(1)　生兵法は大怪我のもとである
　　ここで、誤解のないように補足説明しておこう。以上の未収金回収の法的対応に関する私の説明は、終始逃げ腰のように思われるかも知れない。あるいは、実際に大手管理会社の法務部員として日常的に未収金回収の法的対応をしている者からみると、物足りないと思えるであろう。これは、私が、実際に支払督促や少額訴訟をやったことがないからではないか。㈳高層住宅管理業協会から『マンション管理費用滞納催促業務マニュアル』も出ているぐらいだから簡単じゃないか、それをちょっと勉強すれば誰でも簡単にできるじゃないか、という意見もあると思う。
　　しかし、生兵法は怪我のもとである。管理会社としての責任の範囲や対応の限界を明確にしたうえで、この問題については、慎重に取り組むべきであると私は思う。好むと好まざるとにかかわらず、管理マンションでの未収者は、増加の傾向にあり、そのために私自身も、支払督促や少額訴訟を何回かやった。また、多額未収金があるにもかかわらず、住戸を賃貸に出し賃料収入を得ている外部区分所有者に対して賃料債権の差押もやった。確かに、この程度の法的対応は簡単ではあるが、それなりに法技術的な実務の知識も必要である。機会があれば管理会社のための未収金回収の法的

対応解説書を書こうと考えている。

(2) 法律の本に書いてあることと実際の実務とで取り扱いが違う場合がある。

　法律の本に書いてあることと、実際の実務とで取り扱いが違う場合がある。また、裁判所によっても添付書面等を含めて対応が違う場合もある。したがって、法律の本（ここではとくに、民事訴訟法関係）に書いてあることをそのまま実務でやってしまうと失敗してしまう場合もあるので、注意が必要である。例えば、民事訴訟法54条では、訴訟代理人の資格が規定されている。原則は、訴訟代理人となれるのは弁護士に限るのであるが、簡易裁判所では弁護士以外の者でも許可を得れば訴訟代理人になれることを定めている。この文面だけを読むと、とくに未収金回収業務を管理組合から委託されて前面でやっている管理会社及び管理会社担当者が訴訟代理人になれそうであるが、実務では三百代言（事件屋）の跳梁の防止のために認められていない。したがって、例えば少額訴訟をやる場合は、裁判所では理事長に出席してもらい、管理会社からではなく理事長の口から答弁してもらうしかない。訴訟の原告として自分の名前が出ることを嫌がる理事長も当然いることなので、少額訴訟をやる場合は本制度の内容を理事長に十分説明したうえで、管理会社は、訴訟代理人にはなれないので、あくまで裏方に徹するしかない。理事長自ら、裁判所で発言する必要がありますよと誤解のないように説明しておく必要がある。

　これとは、逆のケースもある。民事訴訟法368条では、少額訴訟の要件が定められており、訴額については「30万円以下」になっている。これだけを読むと、30万円を1円でも超えたら少額訴訟が利用できないようにも思われる。しかし、実務では30万円を越える金銭債権の一部請求も可能である。

(3) 日本住宅管理組合協議会への質問

　本件に関して、私が実際に日本住宅管理組合協議会に問い合わせした手紙があるので、（関係ない部分も含まれているが）そのまま載せる（この手紙

は、平成12年5月30日に事務局宛に出させていただいたが、良心的な日住協としては珍しく無視されたままである）。

　もし、私の誤解であればすぐに改めるつもりでいますので、他の方でも結構ですから、この件に関してご教示ください。私の信条は、哲学者カール・ポパーの試行錯誤による「誤りから学ぶ」（真理は、反証可能性をもたなければならない）であり、自分の考えに対していろいろと批判や反論があることほど嬉しいことはありません。

　　　　　　　　　　　　　　　　　　　　　　　　　平成12年5月30日

日本住宅管理組合協議会事務局　御中

拝啓　時下益々ご清栄のこととお慶び申し上げます。
　さて、このたび貴協会より「区分所有法のポイントと法改正の動向」（1999年1月1日発行）を購入させていただきました。山下弁護士のお話は、実務上の問題点にも触れた非常に分かりやすい内容で、参考になりました。しかし、本文の中でミスプリントかとは思いますが、気になる点がありましたので質問させていただきます。

１　法17条1項但書き（共用部分の変更に関する多数決制の緩和）について
　13ページに、「……その時に、これは、区分所有者と議決権の各4分の3以上の賛成がなければいけないんです。区分所有者の頭数は変えられませんが、議決権については、過半数に軽くすることができます。……」とあります。
　24ページの変更行為の解説部分でも、「……ただ議決権については、もう少しこれをゆるやかにすることを規約で定めることができます。……」とあります。

しかし、法17条1項但書きで「ただし、この区分所有者の定数は、規約でその過半数まで減ずることができる。」という意味は、①頭数（人数）と②議決権のうち、①の頭数については、過半数まで減らすことができる、という意味であり、②の議決権については、変更できないという意味だと思います。（基本法コンメンタール『マンション法』日本評論社34〜35頁）

2　少額訴訟の訴額30万円について

22ページに、「……金額は、30万円までとなっていますので、それ以上ためてしまいますと、少額訴訟は使えません。……」とあります。民訴368条の条文解説としてはその通りだと思いますが、実務上は必ずしも「30万円以下」という制限にこだわる必要はないと思います。逆に、一般の方は30万円を1円でも越えたら、少額訴訟が利用できないと誤解しているのではないかと思いますので、実務上の扱いとして、その点に注意を促す必要があると思います。私は、大阪の裁判所で30万円を越えた未収金について、数件少額訴訟を提起したことがあります。そして、和解に持ち込み、30万円をこえる部分についても分割払いで回収できています。

（参考）

① 少額訴訟手続関係資料、第223号（法曹会）1〜2頁

② 新民事訴訟法における書記官事務の研究（Ⅲ）（司法協会）40〜41頁

とくに、未収金の回収問題については誰もが嫌なことであり、なるべくなら触れたくない話題であり、一方理事会役員の方も自分たちが理事の間の1年間は、法的対応等で特に事を荒立てることもない。次期役員へそのまま申し送りしようと考えている場合もあろうかと思います。そのようなことでは、未収金回収の責任が曖昧なままで結果的に未収金額

ばかりが増えていくということになります。そして、ある時、突然未収金のことが話題となったときに、今まで放置し何ら対策を取らなかった管理会社が悪いんだから、管理会社に負担させるべきであるというような意見にすり替わってしまう危険性もあります。

　ですから、この点については注意が必要です。説明しましたように、ポイントが2点あります。①は、管理委託契約の中で管理会社の責任範囲を明確に説明しておくということ、②は、毎月の未収者の状況を小まめに理事会役員へ報告しておく、ということになります。

⑥　第6が、「契約管理（駐車場契約等）」です。契約管理というと、管理組合との管理委託契約の締結等全て重要な業務になるわけなんですが、ここでは特に駐車場契約について説明いたします。マンションでは、残念ながら駐車場等の専用使用権にかかわるトラブルが非常に多くあります。これについては、管理会社によっては、契約管理の担当者がいて特にトラブルとなりそうな駐車場については、まとめて一元管理しているところもあります。これはトラブルの予防保全ということで、良いやり方ではないかと思います。

　また、駐車場に空きが出た場合は、すぐに契約者を募集する必要があるわけですが、募集することを忘れて契約者がいない場合は、その間の管理組合の収入が減るわけですから、契約者の管理も重要ですね。

⑦　第7が、「長期修繕計画の提案（改修工事の提案）」です。長期修繕計画については、最近マスコミ等でも話題になるテーマではないかと思います。もちろん、長期修繕計画の作成自体も重要ですが、作ったら作りっぱなしで、長期修繕計画に基づいて、修繕積立金を適正な金額に改定していくということが、なかなか実施できていないのが現実であろうと思います。現在は、かなり改定されているようですが、そもそも当

初設定の修繕積立金の額があまりにも低すぎるという問題も一部では未だにあるようですが。

確かに、マンション業界の一昔前の常識では、修繕積立金は管理費の10％で設定しているケースが多かったように思います。例えば、管理費が15,000円だとすれば、それの10％の1,500円で修繕積立金を設定するということですね。住宅金融公庫の方で優良中古マンションとか、優良分譲住宅の承認のための前提条件として、「修繕積立金が6,000円/戸以上であること」というガイドラインを作り、これがきっかけでマンションディベロッパー全体が少しでもこのガイドラインに近づけようと努力された面もあると思いますが、現在では修繕積立金については、ある程度高めに設定している分譲会社も増えているのではないかと思います。

（注） **優良中古マンション、優良分譲住宅等のマンション融資に関する概要**

　　ここで、優良中古マンション、優良分譲住宅等のマンション融資に関する概要について説明する（但し、これは平成12年10月現在の扱いであり、金融政策等の関係で内容が変る場合もある）。また、管理費等の「初期設定金額」がどのように推移しているのかマンション管理新聞のデータをもとにまとめた資料を紹介する。さらに、修繕積立金が低いマンションがどのように苦労して低い積立金の改定に取り組んでいるかについて、いくつかの事例を紹介する。

(1) **優良中古マンション融資制度**（中古マンション）

　　[平成11年度の概要]　　これは平成6年10月から住宅金融公庫が導入した制度で、マンションの専有・共用ともに適切に維持・管理されていると認められた場合、その住戸を購入しようとする者に対して償還期間の延長、加算融資といったメリットがある制度のこと。この制度の承認の為の条件として、①「長期修繕計画が作成されていること」、②「修繕積立

[セミナー第2部] フロントマンの心得　157

金が平均6,000円以上あること」等が必要とされている。
具体的には、
　㈲「維持管理体制」（管理規約の規定状況、長期修繕計画の作成状況等）や
　㈹「維持管理状況」（修繕積立金月額の設定状況、大規模修繕の実施状況等）に関して一定の規準を満たしている分譲マンションに対して、建築後の経過年数の緩和及び償還期間の延長等の優遇措置を行う。
　さらに、このうち
　㈶「居住性能評価規準」について、新築時及びその後の改良工事等により高い居住性能を有している分譲マンションに対して融資額を加算する。

住宅金融公庫優良中古マンション融資の規準	
経過期間	修繕積立金の平均月額
5年未満	6,000円
5年以上10年未満	7,000円
10年以上17年未満	9,000円
17年以上	10,000円

■　優良中古マンション融資制度のQ and A
1．優良中古マンション融資制度のメリットは？
　　「償還期間の延長」＋「割り増し融資」
　　（最長30年）　　　Aレベル住宅→通常融資額＋200万円
　　　　　　　　　　　Bレベル住宅→通常融資額＋100万円
2．本制度承認のためには、優良中古マンション調査技術者による調査により、適合の判定のある「優良中古マンション調査書」が発行されることが条件となる。
3．優良中古マンションの㈶「居住性能評価規準」（Aレベル住宅、Bレベ

[平成12年度の概要](中古マンション購入融資の制度が平成12年10月1日以降から新しい制度に変った。)

■ 中古マンションのタイプについて

中古マンションは次の4つのタイプと主な基準の組合わせになる。

イ	一般中古マンション	中古マンションの共通基準〈基準①〉	―
ロ	優良中古マンションⅡ	中古マンションの共通基準＋維持管理評価基準〈基準①＋②〉	返済期間が優遇される
ハ	優良中古マンションⅠ	中古マンションの共通基準＋維持管理評価基準＋機能的耐用性基準〈基準①＋②＋③〉	返済期間＋融資額が優遇される
ニ	優良中古マンションⅠ（基準金利適用）	中古マンションの共通基準＋維持管理評価基準＋機能的耐用性基準＋基準金利適用基準〈基準①＋②＋③＋④〉	返済期間＋融資額＋融資金利が優遇される

基準①（中古マンションの共通基準）＝建物の規模などが建築基準法や公庫が定める基準に適合している中古マンションであること。
基準②（維持管理評価基準）＝維持管理の状況及び維持管理体制が良好であること。
基準③（機能的耐用性基準）＝一定の断熱性能、一定の遮音性能、給排水管の更新性、一定の規模を有していること。
基準④（基準金利適用基準）＝バリアフリータイプなどの住宅であること。

■ 中古マンションの基準について（中古マンション調査判定書の調査判定事項）

融資メニュー及び築後経過年数と評価基準の対応関係（耐火構造及び高性能準耐火構造の場合）
（※1 時間準耐火構造及び性能耐火（耐久性無）の場合にあっては、「築後経過年数」の欄の数値を25年から20年に読み替える。）

	築後経過年数	適合する必要がある評価基準（適合要件）				
		①中古マンション共通基準		②維持管理	③機能的耐用性	④基準金利適用
		a 規模等・基準法適合性	b 耐震性			
一般中古マンション	25年以内	○	○(注)			
	25年超	(融資対象外)				
優良中古マンションⅡ	25年以内	○	○(注)	○		
	25年超	○	○	○		
優良中古マンションⅠ	25年以内	○	○(注)	○	○	
	25年超	(融資対象外)				
優良中古マンションⅠ（基準金利適用）	25年以内	○	○(注)	○	○	○
	25年超	(融資対象外)				

（注）建築確認日が昭和56年6月1日以降の建築物については、新耐震基準が盛り込まれた建築基準法が適用されることから、所要の耐震性は確保されたものとする。

ル住宅）の規準に適合しない場合は、優良中古マンション融資の対象とならないか？

　優良中古マンションの居住性能規準に適合しない場合でも、通常の「中古マンション」の規準及び優良中古マンションの「維持管理評価規準」（イ．維持管理体制、ロ．維持管理状況）に適合するものであれば、優良中古マンション融資の対象となる。

4．新築時に「優良分譲住宅」の事業承認を受けていないマンションでも（したがって、分譲時に、①長期修繕計画の作成、②修繕積立金6,000円以上/戸等の条件を満たしていない）、その後に優良中古マンションの積立金6,000円以上、長期修繕計画の作成等の条件を満たせば、優良中古マンションの承認を得ることができる。

(2)　優良分譲住宅の事業承認（新築マンション）

　平成7年度以降に住宅金融公庫の優良分譲住宅の承認を得る為の条件として①「長期修繕計画が作成されていること」、②「修繕積立金の総額が平均6,000円以上あること」等が必要とされている。

＊　公庫で必要とされる修繕積立金平均6,000円以上の内容について

　これは「修繕積立金」単独で6,000円以上ということではなく、つぎの①～③の合計額が1戸当り平均6,000円以上あればよいということになっている。

① 毎月積み立てられる修繕積立金の初年期における1ヶ月当りの額

② 修繕積立金会計に充当される駐車場や専用庭等の専用使用料の初年期における1ヶ月当りの額

③ 修繕積立基金（新築購入時に徴収される一時金で、修繕積立金に充当されるもの）を120ヶ月で除した額

(3) 2001年から住宅金融公庫の新築マンション向け融資基準が強化される。

　住宅金融公庫は2001年度から新築マンションの融資基準を厳しくする。断熱材の使用や修繕積立金が月6,000円以上であることなどを条件に追加し、条件に合わないマンションを買う人は融資が受けられなくなる。半面、新基準を満たせば最低優遇貸出金利（現在年2.75％）で最大400万円までの割増融資を認める（2000年7月16日、日経新聞より）。

　このことからも分かるように、当初「優良中古マンション融資制度」でスタートした管理基準である「修繕積立金6,000円以上」のガイドラインは、新築マンションの中の「優良分譲住宅事業承認」の条件となり、さらには新築マンション全てについて、公庫融資のための条件とする、というように公庫融資マンション全てについて「修繕積立金6,000円以上」のガイドラインを適用しようという流れにある。

(4) 管理費等初期設定調査［参考］

全国総合データ（平成11年下半期管理費等初期設定調査）

（「マンション管理新聞」平成12年1月5日号、第465号）

	平均戸数(戸)	平均専有面積(㎡)	平均管理費(円)	㎡当管理費(円)	平均修繕積立金(円)	㎡当積立金(円)	平均修繕基金(円)	㎡当基金(円)
関東	65.1	86.48	15,363	178	6,410	74	323,541	3,741
関西	84.6	90.39	11,380	126	5,468	60	337,065	3,729
全国	65.8	90.01	12,825	142	5,836	65	314,009	3,489

　平成11年上半期と比較して、全国平均では、修繕積立金が94円増の「5,836円」であるが、管理費は398円減の「12,825円」となった。

全国総合データ（平成12年上半期管理費等初期設定調査）

（「マンション管理新聞」平成12年7月25日号、第484号）

	平均戸数 (戸)	平均専有面積 (㎡)	平均管理費 (円)	㎡当管理費 (円)	平均修繕積立金 (円)	㎡当積立金 (円)	平均修繕基金 (円)	㎡当基金 (円)
関 東	64.4	87.87	15,490	176	6,389	73	322,699	3,672
関 西	68.3	91.88	10,738	117	5,455	59	346,981	3,776
全 国	61.1	91.15	13,108	144	6,014	66	319,994	3,511

　平成11年下半期と比較して、**全国平均では、修繕積立金が178円増の「6,014円」**となり、6,000円を突破した。管理費は283円増の「13,108円」となり、管理費下降線に歯止めがかかったかと思われる。

[セミナー第2部] フロントマンの心得

● 管理費等初期設定調査(平成3年上期〜平成12年上期までの過去10年間の推移、「マンション管理新聞」のデータより作成、但し著者の方で端数を四捨五入している)

(1) 全国総合データ

	平均戸数 (戸)	平均専有面積 (㎡)	平均管理費 円	㎡当管理費 円	平均修繕積立金円	㎡当積立金 円	平均修繕基金 円	㎡当基金 円
H 3 (上)	55.3	91.1	15,397	173	2,739	29	197,224	1,975
H 3 (下)	60.3	92.8	15,344	173	2,527	28	174,707	1,836
H 4 (上)	66.2	91.3	13,800	151	2,272	25	186,513	2,042
H 4 (下)	75.1	87.8	14,827	169	2,253	26	199,183	2,269
H 5 (上)	65.2	84.9	14,624	172	2,331	27	201,988	2,379
H 5 (下)	53.0	83.5	14,136	169	2,323	28	205,994	2,467
H 6 (上)	68.0	—	13,486	166	2,329	29	196,777	2,426
H 6 (下)	57.0	79.7	13,071	165	2,392	30	199,256	2,510
H 7 (上)	60.0	79.9	11,658	146	2,338	29	150,097	1,880
H 7 (下)	55.0	81.9	13,510	165	3,772	46	251,457	3,070
H 8 (上)	60.0	85.5	13,620	159	4,700	55	272,774	3,190
H 8 (下)	52.0	87.4	14,183	162	5,052	58	285,059	3,260
H 9 (上)	56.0	88.3	14,604	165	5,194	59	294,499	3,336
H 9 (下)	61.1	88.5	14,320	162	5,098	58	342,367	3,869
H10(上)	64.7	89.1	13,880	156	5,243	59	313,793	3,522
H10(下)	63.5	89.1	13,489	151	5,526	62	318,115	3,571
H11(上)	64.2	88.4	13,223	150	5,742	65	325,869	3,686
H11(下)	65.8	90.0	12,825	142	5,836	65	314,009	3,489
H12(上)	61.1	91.2	13,108	144	6,014	66	319,994	3,511

(2) 関東圏データ

	平均戸数 (戸)	平均専有面積 (㎡)	平均管理費 (円)	㎡当管理費 (円)	平均修繕積立金(円)	㎡当積立金 (円)	平均修繕基金 (円)	㎡当基金 (円)
H 3 (上)	54.6	81.8	19,993	256	2,733	34	247,834	2,803
H 3 (下)	57.4	81.1	19,169	251	2,738	35	108,191	1,273
H 4 (上)	77.4	81.9	19,377	237	2,793	34	236,392	2,886
H 4 (下)	72.0	80.9	18,268	226	2,608	32	220,929	2,732
H 5 (上)	60.0	78.5	17,683	225	2,560	33	214,349	2,730
H 5 (下)	50.0	76.9	16,848	219	2,514	33	213,300	2,773
H 6 (上)	69.0	—	16,132	211	2,621	34	207,098	2,714
H 6 (下)	47.0	75.9	15,531	205	2,671	35	207,681	2,928
H 7 (上)	59.0	75.9	15,291	201	3,037	40	221,235	2,915
H 7 (下)	55.0	78.9	15,653	198	4,102	52	255,713	3,241
H 8 (上)	59.0	82.6	16,242	197	5,106	62	287,206	3,475
H 8 (下)	50.0	84.4	16,882	200	5,320	63	281,388	3,334
H 9 (上)	56.0	85.2	16,846	198	5,498	65	290,756	3,412
H 9 (下)	52.1	84.3	16,909	201	5,504	65	316,879	3,759
H10(上)	58.3	85.7	16,874	197	5,381	63	316,078	3,687
H10(下)	57.9	85.6	16,205	189	5,813	68	324,811	3,793
H11(上)	60.0	85.3	15,419	181	6,111	72	333,890	3,914
H11(下)	65.1	86.5	15,363	178	6,410	74	323,541	3,741
H12(上)	64.4	87.9	15,490	176	6,389	73	322,699	3,672

(3) 関西圏データ

	平均戸数 (戸)	平均専有面積 (㎡)	平均管理費 (円)	㎡当管理費 (円)	平均修繕積立金(円)	㎡当積立金 (円)	平均修繕基金 (円)	㎡当基金 (円)
H 3 (上)	81.5	96.4	16,752	181	3,754	34	275,240	2,516
H 3 (下)	88.4	110.2	18,211	180	2,604	25	239,099	2,364
H 4 (上)	96.3	101.3	15,759	156	1,941	19	249,415	2,462
H 4 (下)	117.1	98.8	15,012	152	1,863	19	229,416	2,322
H 5 (上)	84.8	95.4	13,955	146	2,081	22	234,395	2,457
H 5 (下)	66.0	92.7	13,529	148	2,051	22	242,730	2,619
H 6 (上)	86.0	—	12,383	144	1,999	23	226,844	2,646
H 6 (下)	75.0	81.7	11,946	147	2,095	26	225,046	2,759
H 7 (上)	73.0	80.8	11,718	145	2,295	28	235,622	2,917
H 7 (下)	66.0	82.1	12,111	148	3,458	42	290,092	3,535
H 8 (上)	73.0	84.1	11,832	141	4,292	51	297,697	3,539
H 8 (下)	63.0	85.9	12,031	140	4,773	56	321,020	3,739
H 9 (上)	71.0	88.1	12,733	145	4,826	55	336,988	3,827
H 9 (下)	85.6	90.6	12,945	143	4,848	54	343,592	3,793
H10 (上)	93.0	89.9	12,335	137	5,197	58	352,989	3,928
H10 (下)	91.7	89.1	11,387	128	5,357	60	349,849	3,929
H11 (上)	84.5	89.6	11,550	129	5,383	60	343,886	3,838
H11 (下)	84.6	90.4	11,380	126	5,468	60	337,065	3,729
H12 (上)	68.3	91.9	10,738	117	5,455	59	346,981	3,776

(5) 修繕積立金が低い過去の物件ではどのような問題があったか

以下は、あるマンションの管理組合総会議事録から抜粋したものである。

１．Aマンション（第○期定期総会、平成○年○月○日）
「第○号議案　修繕積立金改定の件
○○理事長から、議案書に基づいて説明があった。

　①　<u>他のマンションでは修繕積立金の平均が4,000円から10,000円であるが、それに比べると当マンションは平均2,130円なので、かなり低い。</u>

　②　管理会社から「長期修繕計画書」を提示してもらい、それをもとに理事会で今後の積立金改定案をいろいろと検討した。

　③　修繕積立金の残高はマンションの価値を計るひとつの評価項目（マンション売買時の重要説明事項の一つ）であり、積立てた額が評価される為、「出し損」ということはない。

　④　理想論をいえば、修繕積立金はなるべく高い方がいいが、いきなりの大幅アップは各家庭の負担増となるので、今回は現行30円/㎡を50円/㎡に改定し以後毎年20円/㎡づつアップする案を提案した。

　Q　購入するに当たって、営業マンから積立金は現行のままでも大丈夫と言われたが。

　A　現行の積立金が低いという事は事実であり、積立金は必ず改定する必要がある。業界としてもなるべく積立金を高めに設定しようと動いている状況である。」

２．Bマンション（第○期臨時総会、平成○年○月○日）
「第○号議案　修繕積立金改定の件
○○理事長より、次のような説明があった。<u>修繕積立金改定の件については、分譲主の方に当初設定積立金があまりに低すぎるために問題があったのではないか等、理事会でもいろいろと審議してきた。</u>しかし、文句を言うばかりではなく、自分たちのマンションは自分たちで守っていくしかない。将来の大規模修繕のときに大幅な一時負担金をしないためにも今の段

階から、少しでも積立金を改定したい。

Q　今回の積立金改定はやむを得ないと思うが、現行40円/㎡を80円/㎡に改定して、すぐに次の総会で倍に値上げするようなことはやめてもらいたい。例えば改定した80円/㎡を3年間継続するのか、または5年間続けるのか、次の総会のときに検討してもらいたい。」

　次に、長期修繕計画利用上の注意点について説明しましょう。長期修繕計画の基本的考え方については、私の本『マンション管理法入門』（信山社、1998年）の160～165頁にコンパクトにまとめてありますので、その部分を読んでいただいたほうが早いんですが、一般のマンション居住者は長期修繕計画を見ると、その「周期」通りに改修工事をしなければならないと、よく誤解するんですね。

　例えば、屋上防水工事が、10年目になっていたとしても、調査してとくに痛んでいなければ、先送りすればいいんです。とくに痛んでもいないのに、修繕周期が10年目になっているからと、ただ機械的に工事をしてしまうことほど馬鹿げたことはないのです。当然大規模改修工事を行うに当たっては「建物診断」をきちっと行って建物の傷み具合を正確に診断することが必要です。管理会社としては、その調査診断結果に基づいて、今後の作業スケジュールをマンション住民及び管理組合役員がどのように進めたら良いか、必要な資料等出していろいろとアドヴァイスすることが重要な仕事です。管理会社が住民の無知をいいことに「**早期過剰修繕**」に走ってしまうようなことがあってはいけないのですが、逆に、「**遅延修繕**」もいけないのです。この点について、関東学院大学の山本育三教授が「マンションフォーラム」（平成11年10月14日開催、於住宅金融公庫本店）で述べた資料があります。適確に問題点を指摘していますので紹介させていただきます。

　山本教授は、「**早期過剰修繕とは、長期修繕計画通りにとにかく実**

行」することであり、「遅延修繕とは、管理組合から打診があるまで手を付けない」ことである、と説明し次のように述べています。すなわち、「……『早期過剰修繕』ですが、例えば長期修繕計画に12年で外壁修繕とかあるから12年経ちましたので外壁修繕をしますと、こういうのを私は『早期過剰修繕』と言っています。つまり診断もせずに、修繕計画表でそうなっているから痛んでいようがいまいがとにかく修繕するというのはとんでもない誤りであります。

　何となれば、長期修繕計画表というのはその建物の時々刻々変化するものを動的に捉えているわけではなくて、初期の段階で一般論的に積立金をどの程度で、というためのものでありますから、それをそのとおりにやることはない。また逆に「遅延修繕」というのがあります。管理組合から何か打診があるまで何も言わない、組合側の話だから私の所が積極的に申しません、というようなことで20年も放ったらかしなんていうのが世の中にあります。これらはいずれも避けることが必要です。

　それには修繕計画表で時期が来た時にはきちんと診断をして、その診断結果を見て、後何年ぐらいもつのか、あるいは今やらなくていいのか、そういう技術的な診断をちゃんとやることが、しかも組合にその情報を開示することが大事だということであります。」(「管理会社に期待するもの」6頁)。

　(注)　「築後10年」の迷信　マンションリフォーム業界における「**築後10年**」の迷信について紹介しておこう (山畑哲世『マンション管理法入門』(信山社、1998年) 164～165頁)。

＊「**築後10年**」の迷信 (「建築知識」1986年10月号、67～68頁の記述を参考にした。)

　住宅金融公庫等の行政の努力もあり (例えば、優良中古マンション、優良分譲住宅の制度等)「長期修繕計画」がかなり作成されてきているが、一般

的にマンション居住者は大変な誤解をしている。それは「長期修繕計画によると、来年度は築後10年目で屋根防水の全面やり替えの年であるから、そろそろ業者を呼んで見積を取ろう」といったように、現実に防止層が劣化しているかいないか、雨漏りがひどいかどうかを考えることなく、機械的、盲目的に計画を実行しようとする傾向がある。計画はあくまで計画である。10年経って少しも雨漏りがなければ、防水層はまだ健全な証拠なのだから手を付ける必要はない。修繕計画を見直しを行って、屋根防水の修繕項目を5年程先に延ばしてもよい。

　また、修繕計画を作成する時には、どうしても大事をとってしまい、10年は手入れ不要だと思っていても、つい安全を見て8年目にしておこうかということになる。「屋根防水10年」ということが常識化しているようだが、とんでもない話である。ゼネコン等が10年間保証しますというのは、11年目に駄目になるということではなく、15年くらいは間違いなくもつ（？）から10年間は保証しても大丈夫ということである。

　次に大規模改修工事を実施する場合の、施工業者の選定方法について説明します。我々管理会社の人間にとっては常識的な話なんですが、これは素人の管理組合役員がよく誤解するところですので、管理会社として明確に説明しておく必要があります。

　施工業者の選定方法には、①公開入札方式、②指名入札方式、③見積合わせ方式、④特命随意契約方式（特命随契方式）の4つがあります。

　①**公開入札方式**とは、入札希望者を公募して、仕様書・設計図を提示して現場説明の後公開入札を行う方法です。②**指名入札方式**とは、特定した数社を指名して競争入札をさせる方法です。③**見積合わせ方式**とは、特定した数社を指名して見積書を提出させ、その内容を検討して最も適当と判断される業者を選別する方法です。これは、入札方式と違いまして、必ずしも一番安いところが工事を受注できるとは限らないですね。④**特命随意契約方式**（特命随経方式）とは、特定の一社を指名

して見積をとり、その内容について検討・協議のうえ契約する方法です。

いずれの方式で業者選定を行う場合でも、「管理組合としてどのような条件で工事を発注するのか」を明確にしておく必要があります。具体的には、見積要領として、「工事範囲」、「工事仕様」、「工期」、「支払条件」、「保証条件」等について十分に内容を詰めて確認しておく必要があります。このように、全員が共通の認識をもったうえで、業者交渉を行うべきですが、このような見積要領がないままに、ただ複数業者を呼んで見積を頼んでも内容・仕様がバラバラになるのは当たり前の話で、これでは比較のしようがありません。ただ値段が安いというだけで業者を選んでしまい、後でいい加減な工事をされてトラブルになるということもあります。

(注) 大規模修繕工事への管理組合の取り組み方

　大規模修繕工事への管理組合の取り組み方については、それなりのノウハウの積み重ねがあり、管理組合での合意形成の仕方から工事の作業手順までを詳細に解説したマニュアル本もいくつか出版されている。それぞれに役に立つが、大規模修繕工事に取り組む「管理組合の心がまえ」について、簡潔に分かりやすくまとめた藤木良明氏の本があるので、以下で抜粋を紹介させていただく（日本住宅管理組合協議会『管理組合―大規模修繕の手引き』シリーズ・1［準備から竣工までの管理組合の活動の流れ］［第3版］6～8頁）。

　藤木氏は、「管理組合の心がまえ」として、①「公開性の持続」、②「共通条件の設定」及び③「代理権の執行」が大切であり、どんな事態に立ち至ってもこの点の確認が必要であると指摘されている。

①　「公開性の持続」

　日ごろ管理組合運営は、大多数の無関心の上に成り立っていると言っても過言ではありません。だからといって、大規模修繕の運営を理事会や委員会だけですすめていくと必ず問題が起こります。一戸当たり60万円か

らのお金が動くとあっては、普段、無関心の人も理事会や委員会の進行具合をじっと見つめていると思ってください。そのために、理事会や委員会が何を行っているのか、運営の経過などを常に公開し、広報していくことが大切です。公開することで、無関心の人たちにも管理組合運営への理解が生まれますし、役員自身が自分たちの運営の仕方を見直すことにもなります。建築業界には、バックマージンやリベートの悪習が根強く残っていますから、これらの誘惑を排除することができます。

　２ヶ月に１回程度、「大規模修繕だより」を発行できれば理想です。広報はできるだけ簡便に、イラストや写真で説明する方法を考えてみてください。文章ばかりでは、詳細に説明したつもりでも、"労多くして効無し"になりかねません。……

②「共通条件の設定」

　管理組合が事業を行う時は、どんな場合にも事前に方針をきちんと決めておく必要があります。たとえば、工事の見積りを依頼する場合、管理組合が共通条件を提示しないと、見積もりをする側は、それぞれの考えで工事範囲や仕様を決めることになります。その結果として、見積もり金額に２倍、３倍の開きが出ることがあります。これでは、管理組合としてはどのように判断してよいか判らず、ひいては一般居住者からの批判を受けることになりかねません。そのために、工事範囲、工事仕様、工事数量などを確定して、共通の条件を定めた上で見積もりを依頼する必要があるのです。……

③「代理権の執行」

　管理組合の運営にあたる理事会は、区分所有者の代表であり、委任を受けた存在です。理事会や委員会の運営を常に公開することが重要ですが、いつも、一般居住者の顔色を窺うというのもどうでしょうか。役員は委任を受けていることを自覚して、代理権を執行し、行使することも大切です。

　たとえば、できるだけ多くの人が納得する方法と考えて、30～40社に見積もり依頼をする例があります。見積書受理後の扱いが大変ですし、全体

的視野からすると、大変経済的損失の多い方法で、一般の建設工事見積もり依頼ではとても考えられません。たとえば、見積もり依頼の候補が30社集まったとしても、理事会は代理権を執行して5～10社程度に絞り込むのが妥当な考え方です。

　外壁の色決めの時も同じことが言えます。新しい色の決定にはもともと全員の意見を均等に取りいれるわけにはいきません。一方で、多数決は必ずしもよい結果を生むとは限りません。周辺との調和をよく考えた上で、まず理事会案を決定し、一般居住者にはそれに対する意見を求める程度にとどめるのが好ましいと言えます。多くの異議が出た場合は、理事会案を修正することになりますし、少数の意見に対しては、理事会案の趣旨を説明することで押し進めます。

⑧　第8が、「**緊急時の対応**」です。災害時や事件・事故が発生した場合は、直ちに現場を確認し、業者の手配などの必要な措置をとる必要があります。この場合、現場も見ないで、本社の方でただ管理員から電話で状況を聞いたり、指示することは極力やめて、まず「現場」に行くということが大切です。そのことにより、適確に次の対策を考えることができます。

⑨　第9が、「**官公庁などの窓口**」です。これは、フロントマンの業務とは関係ないと思うかも知れませんが、理事会役員に代わって官公庁の連絡窓口とならなければならないケースも出てくることもあります。

⑩　第10が、「**管理組合催事への参加**」です。私がフロントマンとして担当していたあるマンションでは、毎年花火大会をやったり、もちつき大会をやったり等結構祭ごとの多いマンションがありました。もちろんこれは管理組合の業務というよりは自治会的な内容だとは思うんで

が、フロント担当と管理員もイベントに積極的に参加し、祭りを盛り上げるため裏方的な協力をしたことがあります。このようにマンション住民全員と良好なお付合いができていると、あるいはコツコツと信頼関係を築いていると、いいこともあるんですね。このマンションは築年数が古くて外壁塗装工事を過去2回もやっているんですが、この2回の工事も全て管理会社の方で受注でき、それ以外の営繕工事も受注できています。

フロントマンの本来の業務とは離れるかも知れませんが、もちつき大会に出たりとか、むしろ積極的に管理組合催事へ参加すべきだと考えております。

⑪ 第11が、「**マンションの巡回**」です。フロントマンとして、当然社内で書類作成したりとか、やるべきことはたくさんあるとは思いますが、担当マンションの巡回の日を決めて、管理の最前線で日々苦労されている管理員のお話をじっくり聞いてあげるということも必要ではないかと思います。

担当マンションを訪問したときは、ただ管理員の所へ行くだけではなくて、そのついでに理事会役員の所へ行くということも必要です。不在でもいいんです。だいたいご主人は会社勤めなので昼間はいないのは当たり前なんですが、奥さんがいたら奥さんの方に「じつは、マンション巡回で来たので、ついでにちょっと寄ってみました。」と名刺を渡すということも必要です。後で、ご主人が帰ってきて奥さんから昼間フロントマンが訪ねて来たことを聞いて、担当のフロントマンは熱心に我々のマンションを巡回しているんだな、ということになります。そのような意味では、フロントマンとして見せる動きというのも必要だと思います。

このような、ちょっとした気配りができていないと、本当にマンションの巡回に行ったとしても、理事会役員のご主人は昼間は仕事で外出し

ており夜しかマンションにいないので、うちの管理会社のフロントマンは全然マンションに来てくれない、管理委託料として毎月数万円を払っているのに、と思われてしまいます。このように、実際にフロントマンが動いたとしてもちょっとした気配りがあるかないかで、全然評価されないこともあるわけなんです。ですから、マンションの巡回に行ったら、せっかく行ったわけですから、別に変なやり方ではないんですが、役員が不在の場合でも名刺を入れておくとか、簡単な訪問メモを入れておくとか、このようにちょっとした工夫も必要ではないかと思います。

⑫　第12が、「**アフター・サービスの窓口**」です。これは管理会社によって対応の仕方は違うと思いますが、建物不具合のクレームがあると、一般的には専有部分及び共用部分を含めて管理会社が一旦は受付の窓口になるというところが多いのではないかと思います。そして、クレームの内容を整理したうえで、これは管理会社として対応すべき内容であるとか、これは管理会社ではなく分譲主か対応すべき内容であるとか、あるいはアフター・サービスの保証項目からはずれている内容であるとか、一応の判断をする必要があるわけですね。このような意味からも、とくに建物不具合のクレームについては、それなりの実務経験が要求されることもあるだけに、最初の交通整理のときに誤った判断をしないように気をつける必要があると思います。もちろん、管理会社によっては、それぞれの営繕工事の専門部署があって、適確な判断をしていると思いますが、フロントマンのレベルでも、建物不具合のクレームがあったときにこれの対応窓口はどこなのか、見極められる能力が必要かと思います。

4　日常業務の留意点

① 　管理組合及び理事長との対応
　＊　フロントマンは、常に「顧客本位」を考え、とりわけ管理組合理事長

とは、マンション管理業務を通じて定期的な連絡や折衝が不可欠であり、十分配慮する必要がある。
* 納期は余裕をもって決める。
* 総会・理事会開催後は、議事録などを速やかに作成する。

② 社内における対応

それでは、次に日常業務の留意点についてお話しましょう。

まず、はじめに「フロントマンは、常に『顧客本位』を考え、とりわけ管理組合理事長とは、マンション管理業務を通じて定期的な連絡や折衝が不可欠であり、十分配慮する必要がある。」ということです。これはどういうことかといいますと、先程の話の中でもフロントマンの仕事は理事長とのコミュニケーションであると、それにつきるということを言いました。逆にそれができていないということは仕事をしていないということである、という極端な言い方をしましたが、フロントマンは常に理事長と定期的な連絡をとりあうことが必要です。依頼された業務ができていないこともあるかとは思います。いろいろと小言を言われながらまたはクレームを言われながらやる場合もあると思います。依頼事項に対して少ししかできていない場合もあると思います。担当マンションが多ければ、全てのマンションについて100％対応することは無理な場合があることも理解できます。しかし、そうだからと言って、受け身な対応または逃げ腰の対応ではいけないと思います。むしろ理事長からあれこれと怒られている方がいいんです。変に何も文句を言われなくなることの方が、管理会社にとっては危ないんです。

やり方が間違っていたり、提出した資料が不十分だった場合でも、不平不満を言われながらもこまめに連絡を取り合いながらやればいいんで、おかしいところはその時に修正できるんです。ところが、何ら連絡をしていない間がしばらくあって、突然理事長から来いと言われたときは危ないんです。それまでに軌道修正ができないわけですから。

[セミナー第2部] フロントマンの心得

よく会社では「**報連相**」の重要性が言われますが、これは管理組合の運営でもそのまま当てはまります。「報連相」の「報」とは「報告」、「連」とは「連絡」、「相」とは「相談」のことですね。「報連相」の徹底は、社内では当然のことですが、フロントマンにとっては、管理組合又は理事長への「報連相」を徹底して心がける必要があります。「報連相」をしすぎて、マイナスは無いです。「これでもか、これでもか」として、相手側にはちょうどよいぐらいなんです。「連絡はいらない」と相手側から言われてはじめて加減するぐらいで、ちょうどよいんです。

次に、「**納期は余裕をもって決める。**」ということです。どういうことかといいますと、これは私がやったやり方なんですが、理事会に出席するといろいろと資料の作成提出を求められる場合があるかと思います。例えば15日までに見積書を出して欲しいと理事会から言われたとします。そのときにどう対応するかというと、15日までにできるという目安があったとしても、2～3日先へずらすわけです。例えば18日ぐらいに納期を設定させてもらうのです。そして早めに仕上げるのです。早めに持っていけば、先方としては納期が早いうえに、しかも約束をキチンと守ってくれるということで喜ばれるのです。本当は、当初の15日にできるとしても、ギリギリかもしれないし、あるいは他のマンションで突発的な事故があったら納期が遅れるかもしれないんです。そういった意味で納期は余裕をもって決める、と書いてあるんです。15日の納期は間に合うかもしれない場合であったとしても、その日で決めてしまうと、余裕がないために自分自身が身動きがとれなくなってしまうのです。逆に、この日でないと駄目だと、理事会の方から期限を切られる場合もありますが。もし、そういった制約がないのであれば、多少プラス2～3日の余裕をもった日で設定させてもらうのが、テクニックなんです。まあ、これはテクニックという程のことでもないんですが。

次に「**総会・理事会開催後は、議事録などを速やかに作成する。**」と

いうことです。これは、担当マンションが多ければ難しい面もあるかとは思います。私は理事会・総会が終わった翌日に役員のところへ議事録を持っていって、早すぎてビックリされたことがあります。逆に、理事会・総会の翌日には議事録を提出するんだという心づもり、最低でも1週間以内には作成するんだという心づもりで臨んだ方がよいと思います。これは、早すぎて悪いことはないと思います。

　（注）　管理会社が議事録を作成することの是非について

　　ここで、管理会社が議事録を作成することの是非について説明しておこう。私の方は、管理会社が議事録を作成することが当然である、との前提で話をしているように思われるかも知れないが、そうではない。**議事録は、本来は理事会役員の方で作成すべきである**。その方が理事会が責任と自覚をもって組合業務に取り組める。何でもかんでも管理会社がやってしまうと、全て管理会社任せ、他人任せの無責任な体質になってしまうおそれがある。実際にマンションによっては、書記担当理事が議事録を作成しているところもある。毎回1人の役員が議事録を作成するのも大変なので、順番を決めて役員全員で作成しているところもある。しかし、残念ながら、管理会社の方で議事録を作成しなければならないケースも多い。しかし、この場合でも明確にしておかなければならないことは、議事録の作成義務者は議長であり、通常は理事長になるということである。ただ、管理会社は作成を代行しているだけであり、議事録の内容の確認・チェックの最終責任は、理事長にある。だから、管理会社作成の議事録に不十分な点があれば、追加・削除をすればよいのである。

　　議事録は後々、管理組合にとって重要な資料となる。総会で決まったことは、区分所有者の特定承継人に対しても効力を有するし、賃借人等の占有者も一定の限度で総会の決議に基づく義務を負う。そこで区分所有法では、①議長は議事録を作成しなければならないことや、②その議事録を管理規約と同様に、保管し、利害関係人の閲覧に供しなければならないこ

とを定めている（42条）。もし、これらの義務に違反した場合は、10万円以下の過料の制裁がある（69条1号・2号）。

　管理会社の中には、「総会・理事会の運営補助」について、管理委託契約書の中に具体的に記載し、議事録作成を明記している東急コミュニティーのようなところもある（但し、総会議事録の作成であり、理事会議事録の作成は含まない）。

　稲葉なおと『誤解だらけのマンション選び（2000―2001年版）』（講談社、1999年）、では各管理会社の能力や各社「管理委託契約書」の内容について具体的に比較検討されている。非常に参考になった本であるが、ここでは東急コミュニティーに関することで議事録作成について述べた部分（294～295頁）のみ、以下で紹介する。

　「……、中でも総会や理事会への前向きな姿勢は、住民にとってはありがたい。開催日の調整、住民への開催の通知、議題に関する資料作成、議題にともなう事例の紹介といった各業務は、実際にはかなり面倒な作業である。だからこそ、現実にはこの種の業務は管理会社がやらざるを得ないことは重々承知していても、契約書上では「補助を行う」としか記載せず逃げ腰の管理会社がほとんどなのだ。年1回の総会はともかく、場合によっては毎月開かれる理事会のお手伝いは勘弁してほしいという管理会社は少なくない。大手不動産系管理会社でも、理事会には担当者が出たり出なかったりなのだ。

　そんな中で、総会はもちろん理事会の運営に関しても「補助を行う」のではなく、管理会社自身が「行う」とする東急コミュニティーの契約書は小気味がいい。開催の通知や資料作成だけでなく、総会については議事録も管理会社が作成するという姿勢だ。総会や理事会の決議事項に関して、ヘソ曲がりの住民からの中傷を避けるためにも議事録の作成は不可欠である。ところが、この議事録作成こそまさに面倒な業務なのだ。単に決議事項だけを箇条書きに並べればよいというものではない。かといって決議にいたる経過をだらだらと書き残せばよいわけではない。経過と結論を端的

にまとめた上で、記載内容について理事長に承諾してもらわなければならないのだ。こんな発言はなかった。こんな発言があったはずだが抜けている。そんなやり取りがあって、ようやく正式な議事録の完成となる。総会の議事録を管理会社が作成すると契約書に明記する東急コミュニティーの姿勢は評価に値する。」

　稲葉氏はこのように本のなかで書いているが、この程度のことは大手管理会社では（一部例外もあるが）当たり前のことであり、実際に業務の中でやっていることである（ただし、東急コミュニティーのように管理委託契約書のなかに明記できているかどうかの違いはあるが）。再三にわたりフロントマンの業務として総会・理事会でのアドヴァイスがいかに重要であるかを述べてきたが、これはフロントマンが総会はもちろんのこと、毎回の理事会にも出席することを前提としている。フロントマンの仕事というのは、管理組合及び理事会へのコンサルティング業務が中心になるべきだと考えるからである。

　もっと実務的な話をすれば分かってもらえると思うのですが、定期総会が終わった後では、新役員が選任されているわけなのですが、本総会の議事録を作成し署名・押印しなければならないのは旧役員です。議事録への署名・押印が終わってはじめて旧役員は役員としての仕事が終わったことになるのです。旧役員の方は総会の場で新役員へ引継ぎましたた、これで荷が下りたと思っているかもしれませんが、まだ最後の一仕事がありまして、総会議事録の内容をチェックして署名・押印してはじめて旧役員としての業務が完了するわけなんです。そのようなこともありますので、総会が終わったらできるだけ早めに議事録を作成して、旧役員に署名・押印をもらう必要があります。そのようにできると、本当にスピーディに対応してくれると感謝されるんです。

　皮肉な言い方に聞こえるかも知れませんが、例えば総会が終わった後、すぐ議事録を作成せずに１ヶ月後にやっと作成できたとします。そして

旧役員の方に議事録への署名・押印をお願いしますと持っていったとします。そうすると、旧役員の方から「今頃なんでそんな書類を持ってくるんだ、自分は新役員へとっくに業務をひきついでいるじゃないか」と言われてしまいます。いや、そうではなくて、旧役員が総会議事録に署名・押印する必要があるんですよとクドクドと説明して署名・押印をもらわなければならないんです。

このようなこともありますので、総会終了後の議事録作成は早めにやった方が良いと思います。それは、以上のような理由のほかに次のような理由もあります。総会終了後、すぐに議事録を作成した方が記憶も正確です。作成を延ばせば延ばすほど、その間にいろいろな業務が入るし、さらには他のマンションの理事会・総会が入ったりして、ますます記憶が薄れてくるということがあります。総会シーズンのピーク時には、同じ日に複数物件の総会を担当する場合もあるかと思います。そのときにAマンションでの話がBマンションの話と入れ替わったりしないとも限りません。人間の記憶力なんていい加減なものですから、議事録は早めに作った方が楽なんです。すぐに作成できない場合でも簡単な要点メモを作成しておくとだいたいのことは後から正確に思い出すことができます。ついでに議事録のことを言っておきますと、これは本当に重要な管理組合の資料になります。いざ何かあった場合は、議事録が証拠資料になりますし、良いこと悪いこと含めて、万一裁判になった場合でも、裁判所に出す正式な証拠資料ということになります。議事録がキチンとできているかどうか、これによって管理会社が守られたり、逆に命取りになったり、莫大な損害賠償を請求されたりということもあるわけなのです。そういった意味からも非常に重要な書類になります。

それでは、次に「社内における対応」についてお話いたします。フロントマンというのは、社外で理事会や管理組合相手の仕事をしており、いちいち社内のことまで気を使ってられないということもあるかと思い

ます。多少このような考えがあることは否定できないと思います。具体例でいいますと、総会シーズンになりますと、決算書、帳票書類、出納帳、領収書綴等の作成や準備のため担当部署へお願いすることになりますね。フロントマンの方は管理組合の方から総会資料の納期を切られており、せっぱ詰まっている場合もあるかと思います。しかし、事前に分かっていることであれば、なるべく余裕をもって資料作成とかワープロ作成を依頼することです。そういった意味で、社内におけるそれぞれの部署の方への配慮も必要であるということです。フロントマンの方では、自分たちは対外的に気を使っており、いちいち社内のことまで気を使ってられないというかもしれませんが、逆に言うと社内で気配りのできない人に社外で木目の細かい気配りなどできるはずがないと言いたい。

5　これからの管理会社に求められるもの

それでは、最後の項目になりますが、「これからの管理会社に求められるもの」についてお話いたします。これは、私の持論でもあるんですが、「マンション・ディベロッパー」と「マンション管理会社」とを比較した場合、ディベロッパーは「狩猟型」であり、管理会社は「農耕型」であると思うのです。狩猟型のディベロッパーというのは、ひとつの現場が終われば、次の現場へと常に現場を追いかけていなければならない。ひとつの現場に立ち止まってじっくりと腰を落ち着けて、現場を育てていくということはしない。別の言い方をすると、ディベロッパーは、はじめに土地ありきなんです。ひとつの土地にマンションを建てたら、すぐに次の条件に合う土地を追いかけなければならない。土地が取得できなければ、ディベロッパーは成り立たない。ひとつの条件の良い土地を巡って、他社ディベロッパーと熾烈な競争を繰り広げることもある。常に「土地」という獲物を追い続けなければならない。このように、常に土地を回転させていなければならない「自転車操業」的な部分もあ

り、土地を仕入れるに当たって銀行から借入れした金利の負担や万一完成したマンションが売れ残れば、さらに未販売住戸の管理費等の負担という二重の負担が重くのしかかってくる危険にさらされている。その代わりにひとつの現場が成功すれば、短期間で大きな収穫を得ることのできる利幅の大きい業種でもあるのです。したがって、短期間でそれなりの収穫を得ようとマンション・ディベロッパー以外にも商社等の異業種からの参入も多い業界でもあるのです。要は、ある程度の資金があり、条件の良い土地が取得できさえすれば、あまりノウハウは必要なく、経験が無い場合でも他社の物真似をやっていればある程度通用する業種でもあるのです。

　一方、農耕型の管理会社の方はどうか。管理会社は、せっせと稲を植えて、大きく成長するまで毎日のように水をやったり、邪魔な草を刈ったり等手間暇かけてコツコツと稲を育てていくような業種なのです。したがって、ひとつの現場が終わったから次の現場へと常に獲物を追いかけるような業種ではなくて、ひとつの現場にじっくりと腰を落ち着けて育てていかなければならない業種なのです。狩猟型のディベロッパーのように派手ではないですが、毎日の地道な業務の積み重ねが重要であり、その結果として秋には果実としての米を収穫できるのです。短期間で大きな収穫を得ることができ、利幅の大きいディベロッパーに比べると長期のスパンで考えなければならず、しかも利幅はそれほど大きくはない。しかし、果実としての米（管理マンション）を確実にストックできるというところに強みがあり、ディベロッパーのように銀行から借入れした金利の負担や万一完成したマンションが売れ残った場合の未販売住戸の管理費等の負担という二重の負担に苦しめられるというようなことはありません。

　（注）　**管理会社がストックする果実としての「米」について**
　　　管理会社がストックする果実としての「米」には次のようなものが考えられる。①日常のマンション居住者との地道な付き合いや誠実な対応に

よって信頼を得ることにより、将来の大規模改修工事を特命に近い形で受注できる。②個々のマンション居住者からの住戸内改修工事の受注や住戸の賃貸・売買等の依頼により手数料収入を得ることができる。ディベロッパーは売ったら売りっぱなしであるが、管理会社は日常的なマンション居住者との永い付き合いのなかで、100戸のマンションであれば少なくとも100人の個々のお客からイモヅル式にこのような売り上げが期待できる。少なくともというのは、マンションは1住戸数人が家族として住んでいるのが一般的であり、1住戸平均4人としても400人のお客がいることになる。この中には子供も含まれるが、良好な維持管理がなされていれば、自分たちも大人になったらこのような良心的な管理会社の管理するマンションに住みたいと考えるであろう。これは、潜在客ということになる。③まず何よりも、管理マンションがストックとなり（解約になれば別だが）、確実に委託料という現金収入が期待できる。

　このような特長があるのが管理会社であるから、短期間に大きな利益を上げているような管理会社は要注意である。もちろん、管理マンションの大幅な増加による売上げ増は別であるが。これは、本文の中でも再三にわたり指摘してきた「早期過剰修繕」による売上げ増かもしれないからである。

　収入面から比較すると、管理会社の収入は利幅は少ないですがこれほど確実で堅実な業種も珍しいのではないかと思います。つまり、ディベロッパーは仕入れた土地にマンションを建設するため、ゼネコンと請負契約を結ぶんですが、とくに最近の状況ではゼネコンがいつ倒産するか分からないというリスクもあります。また、企業間取引では数ヶ月後払いの手形取引が一般的でもあり、確実に回収できるまでその間のリスクもあります。しかし、管理会社の場合は（もちろん企業等の法人も主な取引相手ですが）主な収入源である「管理委託料」は、原則として1ヶ月前払いであり（但し、平成12年11月29日建設省経動発第96号により、支

払時期の改訂指導がある)、しかもこれは手形ではなく、現金で入るのです。管理会社が主な取引相手としているのは、企業等の法人ではなくて、管理組合という一般的には権利能力なき社団といわれている団体です。権利能力なき社団というと何か能力の不足した団体のようであり、取引相手として大丈夫かなと不安になるかも知れませんが、実はそうでもないのです。企業等の法人はいつ倒産するか分からないというリスクがあり債権回収が難しい場合がありますが、逆に管理組合の場合は原則としてそのような不安がないのです。債権は、現金でしかも確実に回収できるのです。それじゃ、管理組合の資金源は何かといいますと、今まで積立ててきた修繕積立金です。それで負担できない場合は各区分所有者は、持分割合で負担に応じなければならないのです。企業等の法人が有限責任とすれば、管理組合は無限責任なのです。

　それだけ、おいしい話であるならば、ディベロッパーのように異業種からの参入も多いかと思われるかもしれませんが、実はそうでもないのです。管理組合相手にコツコツと地道に努力しなければならない業種であり、クレーム対応等のために結構ストレスもたまるのです。まして、管理組合や理事会相手の人的対応が中心となる業種であるだけに、人材の育成が大変であり、この部分についてはディベロッパーのように単に資金があるとか、他社の物真似でお茶を濁す程度の対応ではとてもやっていけない業種でもあるのです。

　このように、管理会社は地味な存在ではありますが、堅実で手堅い業種であり、コツコツと努力をすればかならず報われる業種であると確信しております。社会全体の流れも、「フローからストック」の時代になっており、建物を造っては壊していた、スクラップ・アンド・ビルドの時代からいかにストック財産であるマンションの維持管理を適正に行うかに比重が移ってきております。このような時代であるからこそ、マンション全体のライフサイクル・コストまで考えた総合的な高い専門家

の立場に立ったプロとしてのフロントマンが求められているのだと思います。言い換えますとますますフロントマンのコンサルタント能力が要求される時代になったということだと思います。

　（注）　これからの管理会社に期待するもの
　　マンション管理会社がいかに裏方的な立場にあったか、しかしそのイメージを払拭して管理会社としてこれからどうあるべきかについて述べた東急コミュニティー社長（現在は、会長）川崎達之氏の適確な文書があるので、以下で紹介する（「マンションフォーラム」（平成11年10月14日開催、於住宅金融公庫本店）19〜21頁の中の川崎氏の発言の抜粋）。
　　「……、私は本当に業界の立場であえてこだわらせていただくならば、実はビルメンテナンス業界もそうでございますけれども、マンション管理業界も非常に従来「川下産業」ということで自らを誇示するといいましょうか、PRすることについては何か後ろめたいものを感じておりました。ただひたすらモップを持って額に汗するのだ、という歴史の下に来ております。……
　　……、できるだけ私の関係する会社の立場を離れてお話申し上げるのが筋かと思いますが、実はバブル時代、求人倍率が、1.3〜4が最高でしたでしょうか、要するに一番地味なビルメンテナンスなりマンション管理に若い人達が入ってくれない。あるいはパートのおばちゃん達ですら、なかなか応募してもらえない。本当におそらく経営者とすれば一番青くなったのがあのバブルの時代に、新しい仕事はいただけるけれども、いかに戦力を確保するかということだったと思います。……、従いまして、その時に特に顕著なのはマンション管理、なかなか広い不動産業の中でも比較的専門分野ということで、1億総不動産屋の時代に近い状態でございました。マンション管理、区分所有法を実務として扱っている人間は少ないということで、ちょうどヘッド・ハンティングにあいました。ビルメンテナンス部門よりもマンション管理部門に携わる人間ははるかに離職率がたかかった、3倍から4倍の離職率だったわけです。

なぜかと言いますと、マンション管理というのはつっこめばつっこむほど悩みがある。若い人達は苦しいと言う。それはそうでございましょう。管理組合の理事会に、人と相対するのは土曜、日曜が多いわけでございます。場合によっては入居開始の時には毎週おやりになることもある。それに対してまじめな人間ほど何らかの形で応えようとする。ところが理事会ではなかなか結論が出てこない。あるいは一遍出していただけたと思うとまたひっくり返る。総会でまたこうなる。若い者にとってそういうことが何とも悩ましいことの１つでございます。

　そして大きな点のもう１つにこういう事がございます。せっかく今回の理事会の方々とリズムが合っている。「おまえの所の会社の方針はこうなのか、おまえの価値観はこうなのか」と分かっていただいた。すると、……１年経つとお替りになってしまう。あるいは、今度は新しく構成された役員さん方が何となく前の役員さん方とはやや否定的な立場の方が出られて、その前の役員さん方とうまくコンセンサスが得られてきたのを「おまえはどうも色付きじゃないのか」と言われる。この虚しさ。とても耐えられません。これだけの苦しさに耐えてもなおかつ、マンション管理に携わっていたという実績が今後社会でどれだけ評価されるか、という悩みでございます。

　つまり一番の教育は誇りを与えることです。今度、**区分所有管理士**というかなりレベルの高い資格制度をまず内部でつくりましたのはそういうことも１つの大きな動機でもございます。まず、先ほど申し上げましたが、川下分野で長いこと来た。言葉は悪いですけれども、川下産業として長いこと忍従の時代を送ったというところに、もう一遍本当に皆様方と一緒にマンション管理のプロを育てようという時期が今来ていると思います。

　管理会社だけではございません。マンション管理の組合の方々とご一緒に、あるいは場合によっては公的機関と一緒に本当のプロを育てる。知識も倫理観もある意味で見識も整った、そういう人間を育てていく、これは一緒でなければできません。そういう時期に入ってきています。個々の

技術的な知識の教育はまた別でございます。まずそういった一般的な1つの人材養成の路線というものが見直されて然るべき時期が来ておるのではないかということです。」

著者紹介

山 畑 哲 世（やまばた・てつよ）

1958年（昭和33年）　鹿児島県奄美大島群島・加計呂麻島に生まれる。
1974年（昭和49年）3月　瀬戸内町立諸鈍中学校卒業
1977年（昭和52年）3月　鹿児島県立大島高等学校卒業
1981年（昭和56年）3月　創価大学法学部法律学科卒業

管理会社日本ハウズィング㈱、大和ハウス工業㈱を経て、フジ住宅㈱（大証二部上場）に勤務。

［著書・論文］
『マンション管理法入門』（信山社、1998年）
「平井宜雄教授の『反論可能性テーゼ』について」（「ポパーレター」vol. 10, No.1, 1998年5月号）
「マンション管理の実態と対策」（「住宅新報」第2081号）

［所属団体・資格等］
区分所有管理士
宅地建物取引主任者
日本マンション学会会員
日本ポパー哲学研究会会員

マンション管理法セミナー

| 2001（平成13）年1月30日 | 第1版第1刷発行 | 3036-0101 |
| 2001（平成13）年9月30日 | 第1版第2刷発行 | 3036-0102 |

著　者　山　畑　哲　世
発行者　今　井　貴
発行所　株式会社 信 山 社
〒113-0033 東京都文京区本郷6-2-9-102
電　話　03（3818）1019
FAX　03（3818）0344

編集出版　信山社出版株式会社
販 売 所　信山社販売株式会社

Printed in Japan

Ⓒ山畑哲世、2001．印刷・製本／勝美印刷
ISBN4-7972-3036-3 C3332
03036・01021-011-100 NDC分類324.201

信山社

憲法叢説（全三巻） 1 憲法と憲法学／2 人権と統治／3 憲政評論　芦部信喜著　各二八一六円

社会的法治国の構成　高田　敏著　一四〇〇〇円

人権論の新構成　棟居快行著　八八〇〇円

憲法学の発想 1　棟居快行著　二〇〇〇円　2 近刊

憲法訴訟要件論　渋谷秀樹著　一二〇〇〇円

憲法史の面白さ　大石眞・高見勝利・長尾龍一編　二九〇〇円

確定性の世界　カール・ポパー著　田島　裕訳　三四九五円

文庫・確定性の世界　カール・ポパー著　田島裕訳　六八〇円

マンション管理法入門　山畑哲世著　三六〇〇円

好評発売中

刑事法辞典

編者: 三井 誠・町野 朔・曽根威彦・中森喜彦・吉岡一男・西田典之

ISBN4-7972-5601-X
NDC分類326.001
新刊案内2000.8

四六判上製 総1000頁　予価：本体6,000円（税別）

「このたび信山社の10周年企画依頼によりまして『刑事法辞典』を編集することになりました。大学生・研究者さらに実務家の要望にも応えられる刑事法の中辞典を目指して、項目選定に各編集委員が力を注いで参りました。ご期待下さい。」平成10年8月　編者

[執筆者] (五十音順)　*印は編者

氏名	所属	氏名	所属	氏名	所属
愛知正博	中京大学法学部教授	佐伯仁志	東京大学法学部教授	橋本正博	一橋大学法学部教授
秋葉悦子	富山大学経済学部助教授	酒井安行	国士舘大学法学部教授	林 幹人	上智大学法学部教授
浅田和茂	大阪市立大学法学部教授	酒巻 匡	上智大学法学部教授	林美月子	神奈川大学法学部教授
荒木伸怡	立教大学法学部教授	佐久間修	大阪大学法学部助教授	林 陽一	千葉大学法経学部助教授
石塚伸一	龍谷大学法学部助教授	佐藤隆之	横浜国立大学経済学部助教	久岡康成	立命館大学法学部教授
井田 良	慶應義塾大学法学部教授	佐藤美樹	高岡法科大学法学部助教授	日高義博	専修大学法学部教授
伊東研祐	名古屋大学法学部教授	椎橋隆幸	中央大学法学部教授	平川宗信	名古屋大学法学部教授
伊藤 渉	東芹大学法学部助教授	塩見 淳	京都大学法学部教授	平田 元	三重大学人文学部教授
指宿 信	鹿児島大学法文学部助教授	島 伸一	駿河大学法学部教授	平良木登規男	慶應義塾大学法学部教授
今井猛嘉	法政大学法学部助教授	島岡まな	亜細亜大学法学部助教授	福島 至	龍谷大学法学部教授
岩間康夫	大阪学院大学法学部教授	清水一成	琉球大学法文学部教授	福山道義	福岡大学法学部教授
上嶌一高	神戸大学法学部助教授	洲見光男	朝日大学法学部教授	堀内捷三	法政大学法学部教授
上田信太郎	香川大学法学部助教授	白取祐司	北海道大学法学部教授	前田雅英	都立大学法学部教授
上田 寛	立命大学法学部教授	新屋達之	立正大学法学部助教授	*町野 朔	上智大学法学部教授
植田博	広島修道大学法学部教授	鈴木左斗志	学習院大学法学部助教授	松生光正	姫路獨協大学法学部教授
臼木 豊	小樽商科大学商学部助教授	瀬川 晃	同志社大学法学部教授	松代剛枝	山形大学人文学部講師
宇藤 崇	岡山大学法学部助教授	関 正晴	日本大学法学部専任講師	松原久利	桐蔭横浜大学法学部教授
梅田 豊	島根大学法文学部助教授	*曽根威彦	早稲田大学法学部教授	松原芳博	九州国際大学法学部助教授
大出良知	九州大学法学部教授	園田 寿	関西大学法学部教授	松宮孝明	立命館大学法学部教授
大久保哲	久留米大学法学部教授	高田昭正	大阪市立大学法学部教授	丸山雅夫	南山大学法学部教授
大蔵義久	東京大学教養学部教授	高橋則夫	早稲田大学法学部教授	三島 聡	大阪市立大学法学部助教授
大塚裕史	岡山大学法学部教授	高山佳奈子	成城大学法学部教授	水谷規男	愛知学院大学法学部助教授
大沼邦弘	成城大学法学部教授	田口守一	早稲田大学法学部教授	*三井 誠	神戸大学法学部教授
奥村正雄	同志社女子大学現代社会学部教授	只木 誠	獨協大学法学部教授	宮崎啓子	成城大学法学部教授
小田直樹	広島大学法学部教授	多田辰也	大東文化大学法学部教授	宮澤節生	神戸大学法学部教授
甲斐克則	広島大学法学部教授	田中利幸	横浜国立大学経済学部教授	村山眞維	千葉大学法経学部教授
香川喜八朗	亜細亜大学法学部教授	田中 開	法政大学法学部教授	守山 正	拓殖大学政経学部教授
加藤克佳	愛知大学法学部教授	田淵浩二	静岡大学人文学部助教授	安田拓人	金沢大学法学部助教授
門田成人	島根大学法文学部助教授	津村政孝	学習院大学法学部教授	安冨 潔	慶應義塾大学法学部教授
上口 裕	南山大学法学部教授	寺崎嘉博	筑波大学社会科学系教授	安村 勉	金沢大学法学部教授
川出敏裕	東京大学法学部助教授	土井政和	九州大学法学部教授	山口 厚	東京大学法学部教授
川崎英明	東北大学法学部教授	長井長信	南山大学法学部教授	山田道郎	明治大学法学部教授
川端 博	明治大学法学部教授	長井 圓	神奈川大学法学部教授	山中敬一	関西大学法学部教授
北川佳世子	海上保安大学校助教授	中空壽雅	関東学園大学法学部助教授	山名京子	奈良産業大学法学部教授
木村光江	都立大学法学部教授	長沼範良	成蹊大学法学部教授	山火正則	神奈川大学法学部教授
京藤哲久	明治学院大学法学部教授	中野目善則	中央大学法学部教授	山本輝之	帝京大学法学部助教授
葛野尋之	静岡大学人文学部教授	*中森喜彦	京都大学法学部教授	山本正樹	近畿大学法学部教授
葛原力三	関西大学法学部教授	鯰越溢弘	新潟大学法学部教授	*吉岡一男	京都大学法学部教授
後藤 昭	一橋大学法学部教授	新倉 修	國學院大学法学部教授	吉田敏雄	北海学園大学法学部教授
小山雅亀	西南大学法学部教授	*西田典之	東京大学法学部教授	吉田宣之	桐蔭横浜大学法学部教授
近藤和哉	富山大学経済学部助教授	西村秀二	富山大学経済学部助教授	吉弘光男	九州国際大学法学部助教授
斎藤信治	中央大学法学部教授	野村 稔	早稲田大学法学部教授	吉村 弘	北九州大学法学部教授
斉藤豊治	甲南大学法学部教授	橋田 久	京都産業大学法学部教授	米山耕二	一橋大学法学部専任講師
斉野彦弥	北海道大学法学部教授	橋爪 隆	神戸大学法学部助教授	渡辺 修	神戸学院大学法学部教授
大澤 裕	名古屋大学教授	城下裕二	札幌学院大学法学部教授		

ご注文はFAXまたはEメールで　FAX 03-3818-0344　Email:order@shinzansha.co.jp
〒113-0033東京都文京区本郷6-2-9-102　TEL 03-3818-1019
信山社のホームページ　http://www.shinzansha.co.jp

信山社

ISBN4-7972-7011-X C3332
NDC328.101金融法

新刊案内2000.6

高木 多喜男 編

金融取引Q&A
―銀行と取引先のための法律知識―

A5判変並製カバー付 総304頁　　本体 3,200円（税別）

銀行取引最新知識
銀行業務研修必携

☆ およそ金融機関が行っている取引のうち、日常的に行われ、重要なものは、できるだけ取り上げ解説する。そして、取引上直面するさまざまな問題の解決に役立つ相談書をつくろうと考えた。この趣旨から法律と実務に精通している弁護士と金融機関の法務関係の方々（高木研究会のメンバー）にお願いし、①具体的な設問（Q）への解答（A）という形式で、②実際取引に即して解説すること、③文章は平易にすること、を申し合わせて分担執筆していただいた。

☆ 私たちが通常何の気もなしに行っている預金・引出しについても、「銀行が無権利者に払戻ししてしまったときは？」「貸付先が死亡したときは？」（相続の問題は1章をあててかなり重点を置いている）等、具体的な設問に答えている。そのほかにも、預金取引、手形・小切手取引、融資取引、為替取引、担保・保証、管理回収等、金融取引全般にわたって同様の手法で解説している。

☆ 解説にあたって必要な法律用語については用語解説をつけ、主な判例については囲み欄に掲げ参考に供した。

☆最近、顧客（消費者）保護のために、金融機関の説明義務を中心とした立法がなされており、金融ビジネスに携わる者は、ますます個々の取引についての深い法律知識が要求されるようになっている。法律知識なしでは、説明義務を果たすことはできない。しかし説明義務がつくされた後は、顧客の側の自己責任となる。金融取引はきわめて複雑かつ難解であるから、金融機関の説明をよく理解するには、顧客の側も、ある程度の予備知識が必要なのである。

＊ 銀行取引についての知識を求められている人々の手助けに。取引上の問題を抱えている人々の信頼できる相談相手として、またビジネス研修用のテキストとしてお役立て下さい。

[目 次]

序章	金融取引	第5章	内国為替取引
第1章	預金取引	第6章	貸付取引
第2章	手形・小切手	第7章	担保・保証
第3章	相 続	第8章	管理・回収
第4章	仮差押え・差押え等		

◇編者・執筆者紹介◇

[編 者]◇高木多喜男（神戸大学名誉教授　大阪学院大学教授）

[執筆者(五十音順)]◇荒井俊且（弁護士）　岡田康夫（弁護士）　小川洋一（弁護士）　片岡宏一郎（富山大学助教授）　加藤禮騰（近畿労働金庫）　門間秀夫（弁護士）　喜多正規（三和信用保証）　佐々本正人（三和銀行）　高橋悦夫（弁護士）　竹森茂夫（弁護士）　田中嘉隆（関西銀行）　辻井一成（弁護士）　永井一弘（弁護士）　永井真介（弁護士）　西島佳男（弁護士）　林佐智代（弁護士）　堀内康徳（弁護士）　三木憲明　宮川不可止（京都学園大学教授）　迎純嗣（弁護士）　目方研次（弁護士）　吉岡伸一（三和総合研究所）

信山社

ご注文はFAXまたはEメールで

FAX 03-3818-0344　　Email：order@shinzansha.co.jp
〒113-0033 東京都文京区本郷6-2-9-102　TEL 03-3818-1019
信山社のホームページ　　http://www.shinzansha.co.jp

商 法 1 信山社

商法改正[昭和25・26年]GHQ/SCAP文書 中東正文編著 予 38,000 円
企業結合・企業統合・企業金融 中東正文 著 名古屋大学法学部教授 13,800 円
株主代表訴訟の法理論 山田泰弘著 高崎経済大学講師 8,000 円
株主代表訴訟制度論 周劍龍 著 青森県立大学助教授 6,000 円
国際商事仲裁法の研究 高桑 昭著 元京都大学教授 帝京大学教授 12,000 円
企業活動の刑事規制 松原英世著 関西学院大学 3,500 円
グローバル経済と法 石黒一憲 著 東京大学教授 4,600 円
会社持分支配権濫用の法理 藩阿憲 著 横浜市立大学商学部助教授 12,000 円
金融取引Q&A 高木多喜男編 神戸大学名誉教授 大阪学院大学教授 3,200 円
国際私法1999 年報1 国際私法学会編 2857号 **IBL入門** 小曽根敏夫 著 弁護士 2,718 円
金融の証券化と投資家保護 山田剛志著 新潟大学法学部助教授 2,100 円
企業形成の法的研究 大山俊彦著 明治学院大学教授 12,000 円
現代企業法の理論 菅原菊志先生古稀記念論文集 庄子良男・平出慶道 編 20,000 円
取締役・監査役論 [商法研究Ⅰ] 菅原菊志 著 東北大学名誉教授 8,000 円
企業法発展論 [商法研究Ⅱ] 菅原菊志 著 東北大学名誉教授 19,417 円
社債・手形・運送・空法 [商法研究Ⅲ] 菅原菊志 著 東北大学名誉教授 16,000 円
判例商法(上)－総則・会社－ [商法研究Ⅳ] 菅原菊志著 19,417 円
判例商法(下) [商法研究Ⅴ] 菅原菊志 著 東北大学名誉教授 16,505 円
　商法研究(全5巻セット) 菅原菊志 著 東北大学名誉教授 79,340 円
商法及び信義則の研究 後藤静思 著 元判事・東北大学名誉教授 6,602 円
アジアにおける日本企業の直面する法的諸問題 明治学院大学立法研究会編 3,600 円
企業承継法の研究 大野正道 著 筑波大学企業法学専攻教授 15,534 円
中小会社法の研究 大野正道 著 筑波大学企業法学専攻教授 5,000 円
企業の社会的責任と会社法 中村一彦 著 新潟大学名誉教授 7,000 円
会社法判例の研究 中村一彦 著 新潟大学名誉教授・大東文化大学教授 9,000 円
会社営業譲渡・譲受の理論と実際 山下眞弘著 立命館大学法学部教授 2,500 円
会社営業譲渡の法理 山下眞弘 著 立命館大学法学部教授 10,000 円
国際手形条約の法理論 山下眞弘 著 立命館大学法学部教授 6,800 円
手形・小切手法の民法的基礎 安達三季生 著 法政大学名誉教授 8,800 円
手形抗弁論 庄子良男 著 筑波大学企業法学専攻教授 18,000 円
手形法小切手法読本 小島康裕 著 新潟大学法学部教授 2,000 円
要論手形小切手法(第3版) 後藤紀一 著 広島大学法学部教授 5,000 円
有価証券法研究(上)(下) 高窪利一 著 中央大学法学部教授 14,563円 9,709 円
振込・振替の法理と支払取引 後藤紀一 著 広島大学法学部教授 8,000 円
ドイツ金融法辞典 後藤紀一 他著 広島大学法学部教授 9,515 円 品切
金融法の理論と実際 御室 龍 著 元札幌学院大学教授・清和大学講師 9,515 円
米国統一商事法典リース規定 伊藤 進・新美育文 編 5,000 円
改正預金保険法・金融安定化法 新法シリーズ 信山社 編 2,000 円

信山社
ご注文はFAXまたはEメールで
FAX 03-3818-0344　Email order@shinzansha.co.jp
〒113-0033　東京都文京区本郷6-2-9-102　TEL 03-3818-1019
ホームページはhttp://www.shinzansha.co.jp

219	日本立法資料全集 本巻043
	民事訴訟法 [明治36年草案] (1) 松本博之 河野正憲 徳田和幸編著 37,864円
220	日本立法資料全集 本巻044
	民事訴訟法 [明治36年草案] (2) 松本博之 河野正憲著 33,010円
221	日本立法資料全集 本巻045
	民事訴訟法 [明治36年草案] (3) 松本博之 河野正憲 徳田和幸編著 34,951円
222	日本立法資料全集 本巻046
	民事訴訟法 [明治36年草案] (4) 松本博之 河野正憲 徳田和幸編著 43,689円
252	日本立法資料全集 本巻015A
	民事訴訟法 [大正改正編] (全6冊セット) 松本博之・河野正憲・徳田和幸著 207,767円
213	日本立法資料全集 本巻010
	民事訴訟法 [大正改正編] 1 松本博之 河野正憲 徳田和幸編著 48,544円
214	日本立法資料全集 本巻011
	民事訴訟法 [大正改正編] 2 松本博之 河野正憲編 徳田和幸著 48,544円 680頁
215	日本立法資料全集 本巻012
	民事訴訟法 [大正改正編] 3 松本博之 河野正憲 徳田和幸編著 34,951円 菊変 500頁
216	日本立法資料全集 本巻013
	民事訴訟法 [大正改正編] 4 松本博之 河野正憲 徳田和幸編著 38,835円 菊変 560頁
217	日本立法資料全集 本巻014
	民事訴訟法 [大正改正編] 5 松本博之 河野正憲 徳田和幸編著 36,893円 菊変 560頁
218	日本立法資料全集 本巻015
	民事訴訟法 [大正改正編] 索引 松本博之 河野正憲徳田和幸編著 2,913円 596頁
269	日本立法資料全集 本巻066-A1
	民事訴訟法 [戦後改正編] (未完) 松本博之編著 近刊 菊変 608頁 上製箱入り
263	日本立法資料全集 本巻061
	民事訴訟法 [戦後改正編] (1) 松本博之 栂善夫編著 近刊 菊変 608頁 上製箱入り
254	日本立法資料全集 本巻062
	民事訴訟法 [戦後改正編] (2) 松本博之編著 42,000円 菊変 608頁 上製箱入り
255	日本立法資料全集 本巻063
	民事訴訟法 [戦後改正編] (3)-1 松本博之編著 36,000円 菊変 522頁 上製箱入り
266	日本立法資料全集 本巻064
	民事訴訟法 [戦後改正編] (3)-2 松本博之編著 38,000円 菊変 544頁 上製箱入り
267	日本立法資料全集 本巻065
	民事訴訟法 [戦後改正編] (4)-1 松本博之編著 40,000円 菊変 580頁
268	日本立法資料全集 本巻066
	民事訴訟法 [戦後改正編] (4)-2 松本博之編著 38,000円 菊変 532頁 上製箱入り
248	日本立法資料全集 本巻047
	会社更生法 [昭和27年] (1) 位野木益雄編著 31,068円 菊変 450頁 上製箱入り
249	日本立法資料全集 本巻048
	会社更生法 [昭和27年] (2) 位野木益雄編著 33,891円 菊変 496頁 上製箱入り
250	日本立法資料全集 本巻049
	会社更生法 [昭和27年] (3) 青山善充編著 近刊 菊変 700頁 上製箱入り 近刊

創刊予定 松本博之・徳田和幸 責任編集
民事訴訟法研究 2002.3

信山社 ご注文はFAXまたはEメールで FAX 03-3818-0344
Email : order@shinzansha.co.jp
〒113-0033 東京都文京区本郷6-2-9-102 TEL 03-3818-1019

198	取締役倒産責任論	佐藤鉄男著	8,738円	Ａ５変 330頁 上製箱入り
669	債務者更生法構想・総論	宮川知法著	14,563円	Ａ５変 45頁 上製カバー
913	オッと危ない！カード破産	宮川知法著	1,942円	Ａ５変 154頁 並製カバー
1620	消費者更生の法理論	宮川知法著	6,800円	Ａ５変 376頁 上製
1857	破産法論集	宮川知法著	10,000円	Ａ５変 448頁 上製カバー
1899	破産と会計	野村秀敏著	8,600円	Ａ５変 304頁 上製カバー
5142	破産法講話	林屋礼二著	1,800円	Ａ５判 204頁 並製カバー
2111	ドイツ強制執行法の改正	石川明著	6,000円	Ａ５変 228頁 上製箱入り
2121	調停者ハンドブック	レヴィン小林久子著	2,000円	４６変 208頁 並製表紙ＰＰ
2134	調停法学のすすめ	石川明著	2,800円	四六判 200頁
2152	調停ガイドブック	レヴィン小林久子著	2,000円	４６版変型 194頁
2095	仲裁契約法の研究	髙田昇治著	4,800円	Ａ５変 218頁 上製箱入り
370	呪・法・ゲーム（3冊セット）	水谷暢著	5,340円	文庫判・並製

民事訴訟法　日本立法資料全集

0018	日本立法資料全集　別巻００１			
	穂積陳重立法関係文書の研究	福島正夫著	55,000円	Ａ５変 566頁 上製箱入り
334	日本立法資料全集　別巻０３４−２			
334	各国民事訴訟法参照条文	民事訴訟法典現代語化研究会 三ケ月章	29,126円	菊変 776頁
4514	日本立法資料全集　別巻０６５			
	民事訴訟法正義 ［明治２３年］（上−Ⅰ）	宮城浩蔵著	35,000円	Ａ５変 670頁 上製
4515	日本立法資料全集　別巻０６６			
	民事訴訟法正義 （上−Ⅱ）	宮城浩蔵著	35,000円	Ａ５変 688頁 上製箱入り
4516	日本立法資料全集　別巻０６７			
	民事訴訟法正義 ［明治２３年］（下−Ⅰ）	亀山貞義著	30,000円	Ａ５変 532頁 上製
4517	日本立法資料全集　別巻０６８			
	民事訴訟法正義 ［明治２３年］（下−Ⅱ）	亀山貞義著	30,000円	Ａ５変 544頁 上製
4525	日本立法資料全集　別巻０７５			
	民事訴訟法 ［明治23年］ 述義 （第１編）	井上操著	30,000円	Ａ５変 530頁 上製
4526	日本立法資料全集　別巻０７６			
	民事訴訟法 ［明治23年］ 述義 （第２編）	井上操著	30,000円	Ａ５変 530頁 上製
251	日本立法資料全集　本巻０４９Ａ			
	民事訴訟法 ［明治23年］ 述義 （第３・４・５編）	井上操著	35,000円	Ａ５変 580頁 上製
527	日本立法資料全集　別巻０７７			
	民事訴訟法論綱 （第１・２巻）	高木豊三著	40,000円	Ａ５変型 656頁 上製箱入り
4647	日本立法資料全集　別巻143			
	民事訴訟法論綱 （第３・４巻）	高木豊三著	46,000円	Ａ５変型 776頁 上製箱入り
302	日本立法資料全集　別巻０９４			Ａ５変判 上製箱入り
	終戦後の司法制度改革の経過 （４冊セット）	内藤頼博・司法研修所編	488,000円	
303	日本立法資料全集　別巻０９１		Ａ５変判 552頁 上製箱入り	
	終戦後の司法制度改革の経過 （総索引・第１分冊）	内藤頼博・司法研修所編	76,000円	
304	日本立法資料全集　別巻０９２		Ａ５変判 796頁 上製箱入り	
	終戦後の司法制度改革の経過 （第２分冊）	内藤頼博・司法研修所編	116,000円	
305	日本立法資料全集　別巻０９４	Ａ５変判 1108頁 上製箱入り		
	終戦後の司法制度改革の経過 （第３分冊）	内藤頼博・司法研修所編	160,000円	
306	日本立法資料全集　別巻０９４			
	終戦後の司法制度改革の経過 （第４・５分冊）	内藤頼博・司法研修所編	136,000円	
4646	日本立法資料全集　別巻142			
	民事訴訟法 ［明治36年草案］（全４巻セット）	松本博之・河野正憲・徳田和幸編著	149,515円	

番号	書名	著者等	価格	判型・頁・装丁
172	体系アメリカ民事訴訟法	グリーン M. 小島武司 他訳	13,000円	A5変 452頁 上製箱入り
374	要件事実の再構成（増補新版）	三井哲夫著	13,000円	A5変 424頁 上製箱入り
904	司法書士のための裁判事務研究・入門	日本司法書士会連合会編	5,000円	
552	民事紛争交渉過程論	和田仁孝著	7,767円	A5変 300頁 上製箱入り
814	民事紛争処理論	和田仁孝著	2,718円	A5変 29頁 並製カバー
569	多数当事者の訴訟	井上治典著	8,000円	A5変 316頁 上製箱入り
630	民事訴訟審理構造論	山本和彦著	12,621円	A5変 430頁 上製箱入り
685	国際化社会の民事訴訟	貝瀬幸雄著	20,000円	A5変 640頁 上製箱入り
860	裁判私法の構造	三井哲夫著	14,980円	A5変 450頁 上製PP
923	和解技術論	草野芳郎著	1,942円	46変 164頁 並製
989	民訴施行百年国際シンポ論文集（英文他）	民訴法施行百年	50,000円	46変 694頁 上製箱入り
1501	韓国民事訴訟法	金祥洙著	6,000円	A5変 344頁 上製カバー
1516	改正新民事訴訟法と関連改正法［原文］	信山社編	5,000円	A5変 276頁 並製表紙
1569	証券仲裁	金祥洙著	5,000円	A5変 184頁 上製カバーPP
1588	国際訴訟競合	古田啓昌著	6,000円	A5変 323頁 上製箱入りカバーP
1659	民事訴訟を支える弁護士	那須弘平著 新堂幸司推薦文		近刊
1831	訴訟物と既判力 民事訴訟法論集（上）	小室直人（松本博之）	9,800円	A5変 448頁 上製入
1832	上訴・再審 民事訴訟法論集（中）	小室直人（松本博之）	12,000円	A5判変型 528頁 上製入
1833	執行・保全・特許訴訟 民事訴訟法論集（下）	小室直人著（松本博之）	9,800円	上製入
1834	民事訴訟法論集（上）（中）（下）（3冊セット）	小室直人著	31,800円	
1837	判決効と手続保障 民事訴訟法論集1	本間靖規著		近刊
1838	法人内部紛争法 民事訴訟法論集2	本間靖規著		続刊
1839	民事訴訟と損害賠償 民事訴訟法論集3	本間靖規著		続刊
2007	新世代の民事裁判	池田辰夫著	7,000円	A5変 263頁 上製カバー
2046	対話型審理	井上正三著	3,689円	A5変 416頁 上製カバー・栞入り
2104	民事紛争処理論	和田仁孝著	2,800円	A5変 312頁 並製カバー
2109	和解技術論	草野芳郎著	2,000円	46変 164頁 並製
2120	新民事訴訟法論考	高橋宏志著	2,700円	46変 252頁 上製カバー
2124	民事訴訟法・倒産法の現代的潮流1997年 民事訴訟法学会国際シンポジウム	民事訴訟法学会編	8,000円	A5変型 312頁
5130	民事裁判心理学序説	菅原郁夫著	8,571円	A5正 366頁 上製箱入り
9205	論点国際民事訴訟法＆民事訴訟法の改正点	馬越道夫著	3,000円	
9206	講説民事訴訟法	遠藤功・文字浩著	3,400円	A5変 368頁 並製カバーPP
9223	みぢかな民事訴訟法	石川明編	2,800円	A5変 292頁 並製カバーPP
5140	民事訴訟法辞典	林屋礼二・小野寺規夫 編集代表	2,500円	432頁
27	証明責任論	竜嵜喜助著	6,000円	A5正 348頁 上製箱入り
2060	証明責任の分配［新版］	松本博之著	12,000円	A5変 460頁 上製箱入り
5062	わかりやすい民事証拠法概説	中野哲弘著	1,700円	A5正 108頁 並製
5063	わかりやすい民事訴訟法概説	中野哲弘著	2,200円	A5正 186頁 並製
5141	あたらしい民事訴訟法	林屋礼二著	1,000円	A5正寸 110頁 並製
2123	上訴制度の実務と理論	右田堯雄著	8,000円	A5変 34頁
3952	再審原理の研究	加波眞一著	7,600円	A5変 316頁 上製箱入り
0859	国際民事訴訟法の基礎理論	三井哲夫著	14,544円	A5判 470頁 上製
2008	日仏民事訴訟法研究	若林安雄著	9500円	A5変 306頁 上製カバー
2094	アメリカ民事訴訟法入門	ハザード著 谷口安平監訳 田邊誠他訳	4,800円	A5変 272頁

信山社 ご注文はFAXまたはEメールで　FAX 03-3818-0344
Email : order@shinzansha.co.jp
〒113-0033 東京都文京区本郷6-2-9-102　TEL 03-3818-1019
信山社のホームページ http://www.shinzansha.co.jp

番号	書名	著者・詳細
2003	民事手続法の基礎理論	民事手続論集 第1巻 谷口安平著 近刊
2004	多数当事者訴訟・会社訴訟	民事手続論集 第2巻 谷口安平著 近刊
2005	民事紛争処理	民事手続論集 第3巻 谷口安平著 A5判上製 11,000円 新刊
2006	民事執行・民事保全・倒産処理（上）	民事手続論集 第4巻 谷口安平著 12,000円
2007	民事執行・民事保全・倒産処理（下）	民事手続論集 第5巻 谷口安平著 近刊
2166	明治初期民事訴訟の研究	瀧川叡一著 4,000円 新刊
163	日本裁判制度史論考	瀧川叡一著 6,311円 46変 341頁 上製箱入
628	裁判法の考え方	萩原金美著 2,800円 46変 320頁 並製
789	民事手続法の改革	リュケ教授退官記念 石川明・中野貞一郎編 20,000円
2118	パラリーガル	田中克郎・藤かえで著 2,800円 A5変 256頁 上製カバー
2125	法律・裁判・弁護	位野木益雄著 8,000円 A5判変 336頁 上製カバー
419	近代行政改革と日本の裁判所	前山亮吉著 7,184円 A5変 336頁 上製箱入カバー
850	弁護士カルテル	三宅伸吾著 2,800円 46変 211頁 並製PP
575	裁判活性論 井上正三ディベート集Ⅰ	井上正三著 9,709円 A5変 35頁 上製箱入り
605	紛争解決学	廣田尚久著 3,864円 A5変 402頁 上製カバー
2157	紛争解決の最先端	廣田尚久著 2,000円 四六判 184頁
9013	民事紛争をめぐる法的諸問題	白川和雄先生古稀記念 15,000円 A5変 660頁
5018	図説判決原本の遺産	林屋礼二・石井紫郎編 1,600円 A5 102頁 並製カバー
102	小山昇著作集（全13巻セット）	小山昇著作集セット 257,282円
28	訴訟物の研究	小山昇著作集1 37728円 菊変 504頁 上製箱入り
29	判決効の研究	小山昇著作集2 12,000円 菊変 382頁 上製箱入り
30	訴訟行為・立証責任・訴訟要件の研究	小山昇著作集3 14,000円 菊変 380頁
31	多数当事者訴訟の研究	小山昇著作集4 12,000円 菊変 496頁 上製箱入り
32	追加請求の研究	小山昇著作集5 11,000円 菊変 310頁 上製箱入り
33	仲裁の研究	小山昇著作集6 44,000円 菊変 645頁 上製箱入り
34	民事調停・和解の研究	小山昇著作集7 12000円 菊変 328頁 上製箱入り
35	家事事件の研究	小山昇著作集8 35,000円 菊変 488頁 上製箱入り
36	保全・執行・破産の研究	小山昇著作集9 14,000円 菊変 496頁 上製箱入り
37	判決の瑕疵の研究	小山昇著作集10 20,000円 菊変 540頁 上製箱入り
38	民事裁判の本質探して	小山昇著作集11 15,553円 菊変 345頁 上製箱入り
39	よき司法を求めて	小山昇著作集12 16,000円 菊変 430頁 上製箱入り
109	余録・随想・書評	小山昇著作集13 14000円 菊変 380頁 上製箱入り
898	裁判と法	小山昇著作集 別巻1 5,000円 A5変 336頁 上製箱入り
1794	法の発生	小山昇著作集 別巻2 7,200円 A5変 304頁 上製カバー
55	訴訟における時代思潮	クライン F.・キヨベェンダ G.著 1,800円 46変 172頁
62	日本公証人論	植村秀三著 5,000円 A5変 346頁 上製箱入り
1791	やさしい裁判法	半田和朗著 2,800円 A5変 232頁 並製表紙PP
96	民事紛争解決手続論	太田勝造著 8,252円 A5変 304頁 上製箱入り
103	比較訴訟法学の精神	貝瀬幸雄著 5,000円 A5変 312頁 上製箱入り

ISBN4-7972-1802-9 C3332
NDC320.001民法
定期予約受付中
研究法律雑誌

広中俊雄責任編集

新刊案内 2000.11

民法研究

優れた研究成果の公刊を通じて民法学の新たな展開に寄与すべく研究法律雑誌を創刊！

A5判変約180頁　　　　本体平均 2,800 円（税別）

近時、民法に関する論稿はおびただしい数にのぼっていますが、そのうちでは初学者向けに書かれた学習参考用の論稿も多く、また研究論文とよびうるものにあっては、判例の動向や新法令の立案・審議・実施に関する解説に重点をおいた実務解説的な論稿が相当数を占めているように思われます。民法研究者がその種の論稿を書くこと自体はもちろん重要ですが、しかし、そのような仕事に関心と労力が注がれるあまり研究という仕事が疎かになるとか理論的問題が軽んじられるようになるとかいうことは、警戒されなければなりません。民法研究と学習参考用の論稿ないし書物の執筆とが均衡を保ち、また民法研究において理論的問題の追究と実務の観察とが均衡を保つのでなければ、民法学の発展は望みがたいでしょう。近時の日本では少なからぬ民法研究者が学習参考用のものや実務解説的なものの執筆に追われて多忙であり、その結果、民法学は、右に述べた均衡の保持が困難となる危険にさらされています。本誌は、この危険が少しでも減ることとなるように、あえて、理論的問題を扱う研究論文（そこでは判例や外国法も重要な研究素材たりうるのですが）に照準を合わせることとしました。
　　　　　　　　　　　　　　　　　　　　　　　　　　　　　　　　　広中俊雄

第 1 号 ［目 次］

本誌の編集について……………広中俊雄
《民法の理論的諸問題》の部
□民法と民法典を考える……大村敦志
　―「思想としての民法」のために―
　序　章
　　第一節　問題状況
　　第二節　予備的考察
　第一章　民法典の民法観
　　第一節　コード・シヴィルの民法観
　　第二節　日本民法典の民法観
　第二章　法律家の民法と市民の民法
　　第一節　フランス社会と民法
　　第二節　日本社会と民法
　第三章　ル・コードからレ・コードへ
　　第一節　ナポレオン法典の意義
　　第二節　現代型諸法典の意義
　　第三節　民法典と現代型諸法典の関係
　結　章
　　第一節　補充的考察
　　第二節　まとめと展望
《民法に関する資料》の部
□日本民法典編纂史とその資料………広中俊雄
　旧民法公布以後についての概観
　一　まえおき
　二　略年表と若干の事項の説明
　三　主要な資料に関する解説

第 2 号 ［目 次］

《民法の理論的諸問題》の部
□法律行為論の課題（上）……………磯村　保
　―当事者意思の観点から―
　一　はじめに
　二　当事者意思にしたがった法律効果の発生
　　1　当事者意思の射定
　　2　事実的契約関係理論と当事者意思
　　3　法律行為の解釈と当事者意思
　　4　約款による当事者意思の補充（以上本号）
　三　当事者意思の欠缺と法律効果の発生
　四　法律行為の拘束力とその限界
　五　結　語
《民法典に関する資料》の部
□「民法中修正案」（後2編を定める分）について……広中俊雄
　―政府提出の冊子、条文の変遷―
　一　まえおき
　二　政府提出冊子『民法中修正案』の体裁等
　　（1）第11回　帝国議会に提出された冊子について
　　（2）第12回　帝国議会に提出された冊子について
　三　条文の変遷条文対照形式による観察
　「民法中修正案」（後二編の分）対照表
　附　記
□箕作麟祥民法修正関係文書一覧……………広中俊雄
　まえおき　凡例
　第1部　法典調査の基本に関する資料
　　第2部　乙号議案および民法目次仮案
　　第3部　甲号議案
　　第4部　甲号議案草稿
　　第5部　民法甲号議案審議の場に提出された修正案
　　第6部　民法決議案
　　第7部　民法整理会の議案
　　第8部　民法修正案の理由書
　　第9部　民法修正関係参考資料
　　第10部帝国議会議案「民法中修正案」関係資料
　附　録　穂積陳重民法修正関係文書の目録掲載洩れ3点

民法研究　創刊第1号　2,500円
民法研究　創刊第2号　3,000円
民法研究　創刊第3号　続刊

信山社　ご注文はFAXまたはEメールで
FAX 03-3818-0344　Email : order@shinzansha.co.jp
〒113-0033　東京都文京区本郷6-2-9-102　TEL 03-3818-1019
信山社のホームページ　http://www.shinzansha.co.jp